家庭学習でつける力

低学年でもっとも大切なのは、基礎基本の学力と学習習慣の確立です。

陰山 英男

① 「三つの気」を育てよう

　家庭の第一の役割は、「子どもを元気にする」ことです。

　元気な子どもは、活発です。好奇心に満ちあふれています。やる気があるのです。

　元気な子どもは、少しの失敗を気にしません。根気があるからやり直しができるのです。

　お母さん、お父さんに「うちの子、勉強のほうはいま一つだなあ」とご相談を受けたとして、元気、やる気、根気の「三つの気」があるお子さんなら、基本的に心配いりません、と私は申しあげるでしょう。

　しかしこの「三つの気」は、放っておいて子どもたちが勝手に手に入れられるものではありません。

●早寝・早起き・朝ご飯

　まず、元気が出る生活習慣にしましょう。

　ずばり早寝・早起き・朝ご飯です。

　私は、これまで教師として子どもたちと早寝・早起き・朝ご飯の生活づくりに取り組んできました。私はいくつもの学校に勤めてきましたが、学校にこられる方はみなさん「子どもたちは、みんな元気ですね」と口を揃えて言ってくださいます。

　低学年なら、夜は9時半までに就寝し、朝は6時半には起き、朝ご飯を必ず食べる。一昔前の子どもたちが、当たり前のようにしていた生活をすることで、子どもたちは本当に活発になります。活動的になるということは集中力が高まることでもあります。血の巡りがよくなるわけですから、学習面でもそれだけ効率があがります。

●一人にさせないで

　学習やスポーツなど、やる気・根気を育む場面はいくつもあります。共通するのは、親なり指導者なりが子どもを励まし続けることと、子どもが一人でするのではなく一緒にする誰かがいることです。

　家庭では親が、学校では教師と友だちが周りにいて、互いに気にかけ励まし合いながら取り組むことでやる気と根気が育っていきます。生を受けて10年にならない子どもたちです。弱い存在なのです。一人では育ちません。私が低学年の子どもの家庭学習をリビングですることをおすすめする理由もそこにあります。

②家庭学習で育てるやる気と根気

●親は子どもの勉強仲間に

　私の師匠である故岸本裕史先生は、「夕飯

①

のしたくのとき、音読を聞いてやってね、"え〜○○ちゃん、そんな難しい漢字を習ったの。すごいね、お父さんが帰ってきたら、あなたがどんなに賢くなったか教えてあげよう"こんなふうに子どもに声をかけてやってください」とお母さんたちにいつも話していました。

忙しい毎日でしょう。でも工夫しだいで親は子どもの勉強仲間になれます。不在がちのお父さんもお子さんの勉強仲間になってください。

●やさしいことを短時間、継続して

あるときから私は、100マス計算を何日間かずつ同じ問題でするようになりました。毎日させたいが、違う問題を作成する時間がない日が続いた、そんな理由からでした。このとき私は、スピードは上がるが計算力はつかないだろう、でも毎日することに意味があると考えていました。ところがある日、計算テストをして驚きました。子どもたちの計算力が上がっていたのです。

同じ問題であっても毎日タイムが上がってほめられ、子どもは意欲と自信をつけていた、それが計算力アップにつながったのでした。

●家庭学習で大切なこと

この『勉強したくなるプリント』は、小学1年生・2年生・3年生という時期に、基礎基本の学力と学習習慣を身につけるためのプリントです。

基礎基本の内容は、漢字や計算力のように、学年が上がってどんなに難しい学習になっても必要とされる力です。

そして、基本問題のくり返し学習は、子どもの中に自信をはぐくみ、学習へのやる気と根気を育てることができます。

このプリント集の問題は、

- やさしい問題を
- 毎日する
- 最後までする

の工夫をしました。わからないときは答えを見たり、写したりしてもよいのです。最後までやりきることを大切にして、学力と家庭学習の習慣をつけられるようにしています。

一度にたくさん、長時間する必要はありません。朝起きて顔を洗うように家庭での勉強の習慣をつけることを大事にしましょう。低学年はまずそこから始めましょう。

以下3年生で獲得したい基礎学力です。

㋐配当漢字のすべてが読め、8割の漢字を書くことができる。

㋑短い詩が暗唱できる。

㋒簡単なことわざ・慣用句を知っている。

㋓100マス計算（たし算・ひき算・かけ算）がそれぞれ2分以内にできる。

㋔直角を学び、三角形、四角形の基本的な知識を習得する。

㋕わり算（あまりを出すときくり下がりのひき算が必要）50問を10分以内にできる。

陰山英男（かげやま　ひでお）　陰山ラボ代表。一般財団法人基礎力財団理事長。教育クリエイターとして「陰山メソッド」の普及につとめ、教育アドバイザーとして子どもたちの学力向上で成果をあげている。文部科学省中央教育審議会初等中等教育分科会教育課程部会委員、内閣官房教育再生会議委員、大阪府教育委員会委員長などを歴任。2006年4月から2016年まで立命館大学教授。

勉強大好きな3年生になる ホップ・ステップ・ジャンプ

どこまで できるかな？

5 まで … 合かく！
10 まで … りっぱ!!
11 以上 … すてき!!!

ジャンプ すばらしい

13 テレビを全く見ない日がある。
読書や家族でボード・ゲームなどを楽しんでね。

12 「ニュース番組」を見る。
家族で見よう。楽しくお話ししながら。

11 ゲームは週2回以内にする。
1回30分までにしようね。週1回なら1時間もOK!!

ステップ がんばって

10 1日20分の読書をする。
夕食・入よく後に、パジャマを着て。

9 宿題外の学習（30分）をする。
100日目にせい長がわかる。

8 テレビ・ビデオは1時間以内。
番組えらびは、家族で話し合って決めよう。

7 家のきまった仕事をする。
朝起きぬけの、ぞうきんがけ・玄関そうじは気持ちいい。

6 友だちと外遊びをする。
学校でやくそくしてこよう。人目のある所で。

ホップ これだけは

5 あすの仕たくをする。
学校から帰るとすぐにね。

4 宿題をする。
おそくても、夕食前には仕上げよう。

3 うんこをして登校する。
体に入れたまま、学校に持ってこないで。

2 朝ごはんを食べる。
大人もいっしょに。おかずに野さいも。

1 6時30分に起きる。
あまった時間に⑦ができる。気持ちいいよ。

勉強したくなる　算数・国語プリント
小学③年生　前期

算数

③年生　前期

算数

「ナゾトキ☆クエスト」目次

「ナゾトキ☆クエスト」も
始まるよ！ 89ページからだよ。

リオくん　　みつばちのビー

はかせの作った
何でも小さくするメカ。
こっそりもってきちゃった。

ワーッ

ツルッ

「ナゾトキ☆クエスト」も
始まるよ！ ⑲ページからだよ。

森のガイドさん　　　レイナちゃん

3年生　前期の勉強
ここがポイントです

算　数

◎「わり算」

　3年生で最も重要な内容です。わり算には、

　①全体を三つずつに分けると何人に分けられるか。

　②全体を5人に同じように分けると1人分はいくつか。

　というように、二通りのやり方があります。この二つの考え方をしっかり理解できるように問題を作っています。

　また、かけ算九九の逆のわり算のように、÷1けたのわり算が正確に速くできるようページを構成しています。

　これで、四則計算（たし算・ひき算・かけ算・わり算）の基礎をすべて学習したことになります。四則計算の基礎部分は、正確にかつ速くできることが求められます。練習をたっぷりさせてください。練習量に比例して計算力は必ず上がります。

◎「4けたのたし算・ひき算」

　大きい数のたし算・ひき算を学習しますが、同じ位どうしを計算することと、くり上がりやくり下がりの仕組み（2段階のくり下がりやくり上がりは要注意です）を理解していれば、どんな大きな数の計算でもできます。

　算数の式を書くときは定規を使うなど基本的な事柄にも気をつけさせてください。

国　語

◎漢字

　音訓を学習します。読み方が変わっても意味が変わらない場合もありますし、意味が変わる場合もあります。いろいろな読みを提示し、言葉の理解を広げるようにしています。

　また、「長」は「ながい」という意味でなく、「長所」では「すぐれた」、「社長」では「かしら」、「年長組・長老」では「年令が多い」などといろいろな意味がわかるような問題も出しています。

　もちろん字形・筆順を押さえて学習させてください。

◎国語辞典

　使い方について、五十音表の確かめなど基礎的なことから、意味調べまで段階的に展開しています。学習するときはいつも横において活用するようにさせましょう。

◎言葉

　名詞・動詞・形容詞という言い方は指導しませんが、言葉をいろいろな仲間に分けることを学習します。また、動詞や形容詞の語尾の変化も勉強します。語尾の変化の理解は、国語辞典を利用するときに必須です。

かけ算 1

🐻 おはじきゲームをしました。

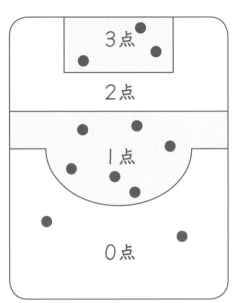

① おはじきが入った数を表に書きましょう。

3点	2点	1点	0点

② とく点を調べましょう。

| 点数 | × | 入った数 | = | とく点 |

⑦ 3 × ☐ = ☐

④ 1 × ☐ = ☐

③ 2点のところは、おはじきが入っていないので0点です。とく点をもとめる式を書きましょう。

点数　　入った数　　とく点

2 × ☐ = ☐

④ 0点のところは、おはじきがいくつ入っても0点です。とく点をもとめる式を書きましょう。

点数　　入った数　　とく点

☐ × ☐ = ☐

● おうちの方へ ●

□×0、0×□は、3年生の学習です。おはじきゲームの得点を、それぞれの配点の場所ごとにしっかり確かめさせましょう。□×0、0×□の答えが0であることは、一度納得すれば後は簡単です。

⑦

一・二年生の漢字 1　なかまの言葉

□に漢字を書きましょう。

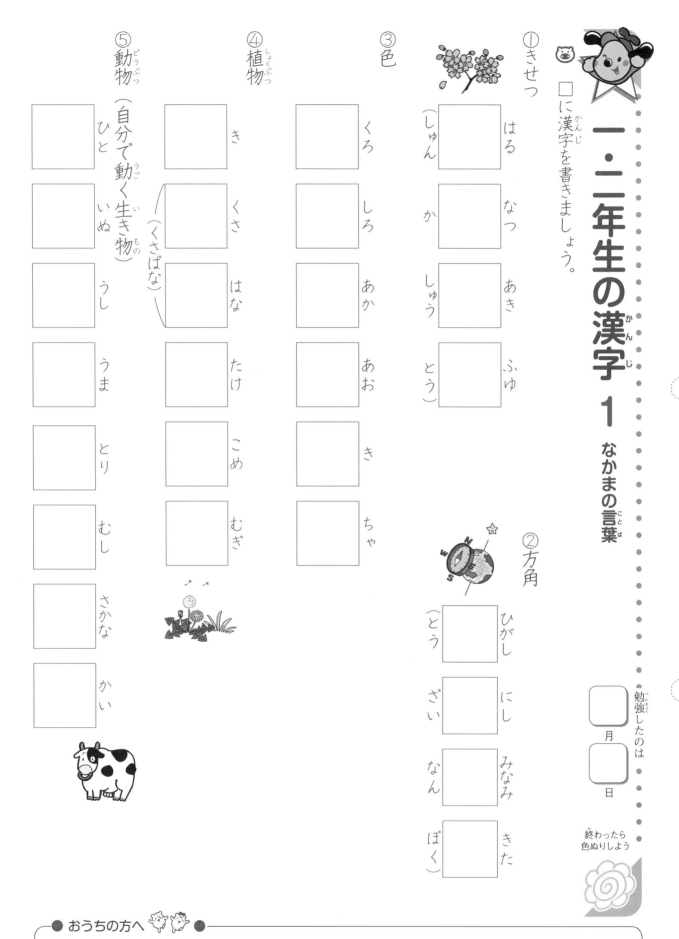

① きせつ

はる

なつ

あき

ふゆ

（しゅん

か

しゅう

とう）

② 方角

ひがし

にし

みなみ

きた

（とう

ざい

なん

ぼく）

③ 色

くろ

しろ

あか

あお

き

ちゃ

④ 植物

き

くさ

はな

たけ

こめ

むぎ

（くさばな）

⑤ 動物（自分で動く生き物）

ひと

いぬ

うし

うま

とり

むし

さかな

かい

● おうちの方へ

漢字を同じ仲間でまとめると覚えやすいですね。人やけもの、虫、魚、鳥などの生き物を総称して「動物」とよびます。
人間も動物の仲間です。（　）内は別の読み方です。①「春夏秋冬」、②「東西南北」は読めて書けるようにしましょう。

⑧

かけ算 2

1. 次の計算をしましょう。

① $1 \times 0 =$　　　　⑥ $6 \times 0 =$

② $2 \times 0 =$　　　　⑦ $7 \times 0 =$

③ $3 \times 0 =$　　　　⑧ $8 \times 0 =$

④ $4 \times 0 =$　　　　⑨ $9 \times 0 =$

⑤ $5 \times 0 =$

> どんな数に0をかけても、答えは0になります。

2. 次の計算をしましょう。

① $0 \times 1 =$　　　　⑥ $0 \times 6 =$

② $0 \times 2 =$　　　　⑦ $0 \times 7 =$

③ $0 \times 3 =$　　　　⑧ $0 \times 8 =$

④ $0 \times 4 =$　　　　⑨ $0 \times 9 =$

⑤ $0 \times 5 =$　　　　⑩ $0 \times 0 =$

> 0にどんな数をかけても、答えは0になります。

● おうちの方へ ●

1も2も答えは全部0です。それを◯の中の言葉でしっかり確かめるようにさせましょう。

【10ページの答え】①けん ②大入 ③重箱 ④天候 ⑤記号 ⑥夕刊 ⑦白菜 ⑧勝負 ⑨階段 ⑩上下 ⑪交番

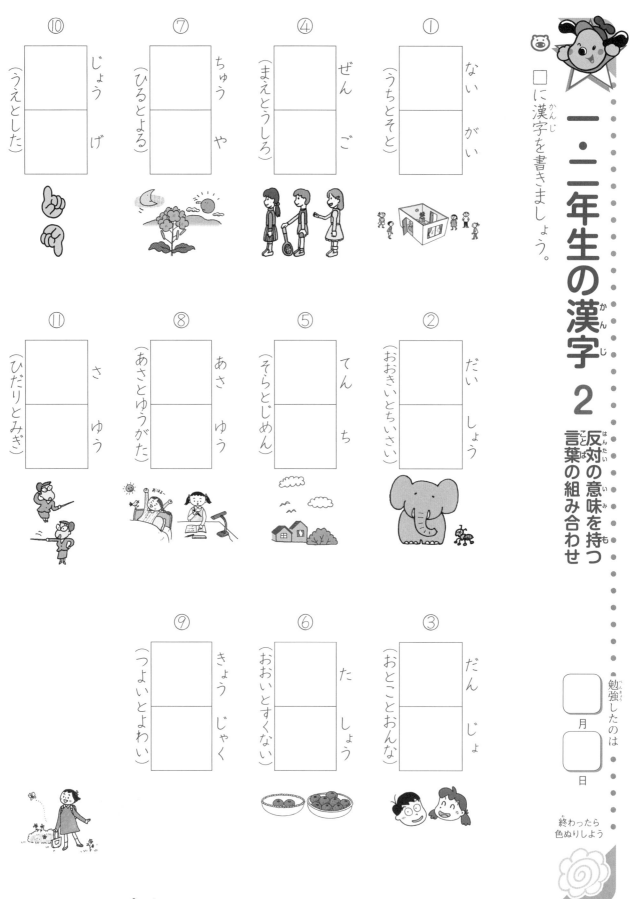

一・二年生の漢字 2

反対の意味を持つ言葉の組み合わせ

□に漢字を書きましょう。

勉強したのは

| 月 | | 日 |

終わったら
色ぬりしよう

① ない がい
（うちとそと）

④ ぜん ご
（まえとうしろ）

⑦ ちゅう や
（ひるとよる）

⑩ じょう げ
（うえとした）

② だい しょう
（おおきいとちいさい）

⑤ てん ち
（そらとじめん）

⑧ あさ ゆう
（あさとゆうがた）

⑪ さ ゆう
（ひだりとみぎ）

③ だん じょ
（おとことおんな）

⑥ た しょう
（おおいとすくない）

⑨ きょう じゃく
（つよいとよわい）

1・2年生の漢字だけでできる、反対の意味の漢字を組み合わせた熟語を集めました。この程度のものを毎日の会話でも意識して使っていくよう心がけるとよいですね。

【9ページの答え】1.①〜⑨ ○ 2.①〜⑩ ○

かけ算 3

🐻 かけ算の表に答えを書きましょう。

〈れい〉

$$2 \times 3 = 6$$

かけられる数　かける数

×	かける数									
	0	1	2	3	4	5	6	7	8	9
0 のだん										
1 のだん										
2 のだん										
3 のだん										
4 のだん										
5 のだん										
6 のだん										
7 のだん										
8 のだん										
9 のだん										

（かけられる数）

● おうちの方へ 🐶🐶

「かける数」「かけられる数」はこれからもよく出てくる言葉です。九九をきちんと覚えていないようでしたら、しっかり練習させましょう。この九九表を見て、数の並び方のおもしろさを見つけさせましょう。

⑪

【12ページの答え】①学・校・通る　②細い・三日月　③組・三角形　④図書・絵　⑤級・緑・十本　⑥米作り・名人　⑦王手　⑧親切・心　⑨筆　⑩花・生ける

一・二年生の漢字 3

まちがいやすい漢字

□には漢字を、〔 〕には漢字と送りがなを書きましょう。

勉強したのは　　月　　日

終わったら色ぬりしよう

① あ □ き □ を〔　　とおる　〕。

② ほそい □□□ みかづき

③ かみ □ を さんかくけい □□□ におる。

④ がくえ □□ の。

⑤ せん □ が じっぽん □□。

⑥ はんぶん □□ を〔　　たす　〕。

⑦ まちがい □ を〔　　ただす　〕。

⑧ しんせつ □□ な人に □ あ〔　　あう　〕。

⑨ むぎ □ のほ

⑩ か □ びんに〔　　いける　〕。

● おうちの方へ ●
1・2年生で習うまちがいやすい漢字を集めました。むずかしい字とは限りません。読み方・字形に注意しましょう。
「麦」→「麦」「麦」、「角」→「角」（止めないではらう）。

⑫

×	0	1	2	3	4	5	6	7	8	9
0	0	0	0	0	0	0	0	0	0	0
1	0	1	2	3	4	5	6	7	8	9
2	0	2	4	6	8	10	12	14	16	18
3	0	3	6	9	12	15	18	21	24	27
4	0	4	8	12	16	20	24	28	32	36
5	0	5	10	15	20	25	30	35	40	45
6	0	6	12	18	24	30	36	42	48	54
7	0	7	14	21	28	35	42	49	56	63
8	0	8	16	24	32	40	48	56	64	72
9	0	9	18	27	36	45	54	63	72	81

【一一一ページの答え】

かけ算 4

🐻 11ページの九九の表を見て考えましょう。

2のだんの答え

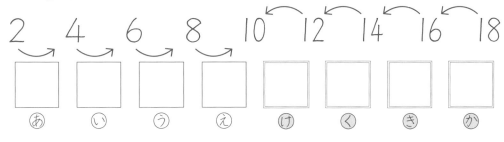

2　4　6　8　10　12　14　16　18

□　□　□　□　□　□　□　□
あ　い　う　え　け　く　き　か

① いくつずつふえていますか。あ～えに書きましょう。

② いくつずつへっていますか。か～けに書きましょう。

③ 5のだんは、いくつずつふえたり、へったりするでしょう。

0　5　10　15　20　25　30　35　40　45　□ずつ

④ 7のだんは、いくつずつふえたり、へったりするでしょう。

0　7　14　21　28　…　□ずつ

⑤ 次の□に数を書きましょう。

7のだんは、かける数が1ふえると、答えは□だけ大きくなります。

また、かける数が1へると、答えは□だけ小さくなります。

> かけ算では、かける数が1ふえると、答えはかけられる数だけ大きくなります。
> また、かける数が1へると、答えはかけられる数だけ小さくなります。

□には漢字を、〔 〕には漢字と送りがなを書きましょう。

勉強したのは

☐ 月 ☐ 日

終わったら
色ぬりしよう

① 〔 あたらしい 〕☐☐ せいかつ 。

② ☐☐ はっさい の げんき な子。

③ 〔 おなじ 〕☐ くみ の ☐☐ しんゆう 。

④ 〔 ちいさな 〕☐ こえ で〔 はなす 〕。

⑤ ☐ め を ☐ はなし て ☐ き く。

⑥ よく〔 かんがえて 〕☐☐ こたえ を ☐ い う。

⑦ ☐ かん じ の ☐☐ かくすう を ☐ し る。

⑧ 物 もの ☐ がたり を ☐ よ む。

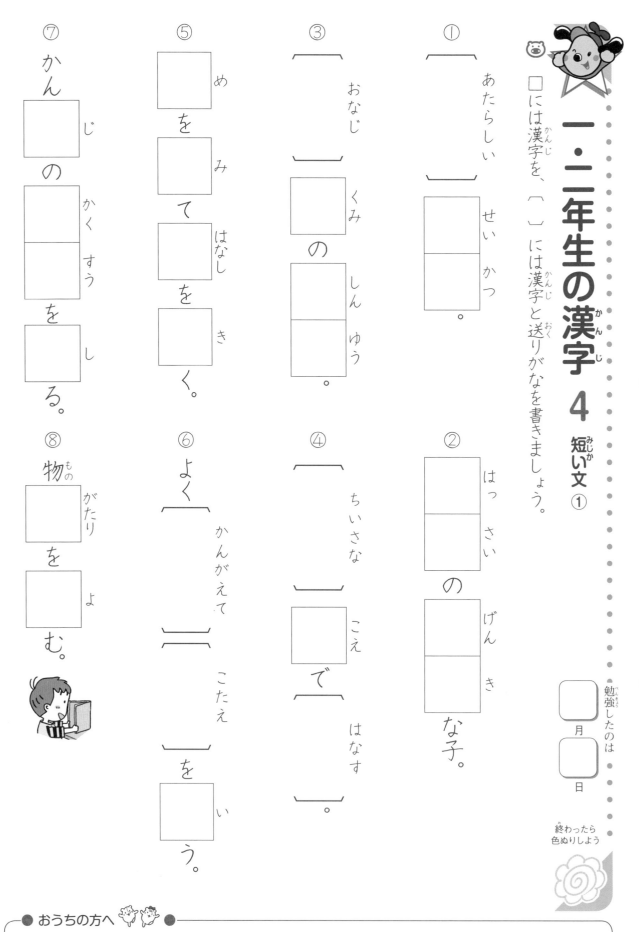

● おうちの方へ

送りがなも大切です。覚え方を工夫してみましょう。「話」と「話す」、「語」と「語る」など、名詞と動詞で送りがなが
ちがう漢字に注意しましょう。

かけ算 5

勉強したのは

□月 □日

終わったら色ぬりしよう

1. 下の図を見て、4のだんについて考えましょう。

4×4

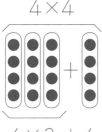

4×3 ＋ 4

4×4

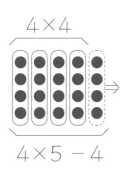

4×5 − 4

① 次の□に数を書きましょう。

$$4 \times 4 = 4 \times 3 + \boxed{}$$

4×4の答えは、4×3の答えより

$\boxed{}$ 大きい。

② 次の□に数を書きましょう。

$$4 \times 4 = 4 \times 5 - \boxed{}$$

4×4の答えは、4×5の答えより

$\boxed{}$ 小さい。

2. 次の□に数を書きましょう。

① $2 \times 4 = 2 \times 3 + \boxed{}$

② $5 \times 7 = 5 \times 6 + \boxed{}$

③ $3 \times 6 = 3 \times 7 - \boxed{}$

④ $8 \times 3 = 8 \times 4 - \boxed{}$

「=」は等号といい、

「=」の左と右は同じ

大きさだということ

を表します。

● **おうちの方へ**

13ページの◯の中の言葉を、このページでは図と式で表しています。13ページの◯の中の言葉を読ませてからこのページの問題をしたり、このページの問題をした後にもう一度13ページの◯の中を読ませるとさらに理解が深まります。

⑮

【16ページの答え】①ま・ま② 算・算③今週・先週④日曜日・火曜日⑤送迎車・中止⑥遠い・近い⑦少人数⑧自然気温・暑さ・寒さ

□には漢字を、〔 〕には漢字と送りがなを書きましょう。

勉強したのは

□ 月 □ 日

終わったら
色ぬりしよう

① もう □ 筆を □〔 か 〕う。

② □ はん □ し を〔 うしろ 〕の人に送る。

③ □□ こんしゅう の □□□ かようび 。

④ こわれた □ よう 具を〔 なおす 〕。

⑤ □ こうつうきょうしつ は □□ ちゅうし 。

⑥ 〔 たかい 〕□ だい に〔 のぼる 〕。

⑦ □□□□ ごごごごじ 。

⑧ □ いえ に〔 かえる 〕。

【15ページの答え】 1. ①4・4 ②4・4 2. ①2 ②5 ③3 ④8

かけ算 6

勉強したのは

□月 □日

終わったら色ぬりしよう

1. 下の図を見て、3×4について考えましょう。

① おかしが箱に、たてに3こずつで、4列ならんでいます。

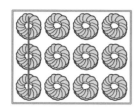

次の□に数を書きましょう。

式　③ × □ ＝ 12

② 上のおかしの箱の向きをかえました。

おかしが、たてに4こずつで、3列ならんでいます。□に数を書きましょう。

式　□ × □ ＝ 12

③ おかしは、向きをかえただけで、数はかわりません。

だから　3×4＝4×3です。

> かけ算では、かけられる数とかける数を入れかえても、答えは同じです。

2. 次の□に数を書きましょう。

① 2×5＝□×2　　② 6×4＝4×□

③ 7×8＝□×7　　④ 9×8＝8×□

● おうちの方へ ●

かけられる数とかける数が入れかわっても答えは同じだという学習（かけ算の交換の法則）です。しかし、文章題を解くときに交換してよいということではありません。

⑰

□には漢字を、（　）には漢字と送りがなを書きましょう。

勉強したのは
□ 月 □ 日

終わったら
色ぬりしよう

① ふ ぼ かい（ちちはは）
□□ が （　　　　） ちかづく 。

② おや こ
□□ で □ でかける。

③ きょう だい（あにおとうと）
□□ と □□ あね いもうと（しまい）。

④ あたま
□ の □ け みみ
を □ にかける。

⑤ ず が こう さく
□□□□ で □ とも
だちの □ かお
をかく。

⑥ □□ て くび
を（　　　　） まわす 。

⑦ こく ご
□□ も □□ さん すう
もすきだ。

⑧ り か
□□ の 勉□ きょう
が 始まる。

● おうちの方へ ●
「ちかづく」は「ちかくにつく（くる）」ですから「ず」ではなく「づ」です。「きょうだい」はよく使いますから、ぜひ漢字で書くよう習慣づけましょう。「しまい」は中学校で習う読み方ですが、読めて使えると便利です。「まわす」は送りがなのまちがいがよくあります。

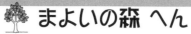

空をとぶのってすてき！

あら、むこうからだれか来たわ。

オレたち、ハエぐんだん。オレたちの出す問題がとければ、ここを通してやるぜ。

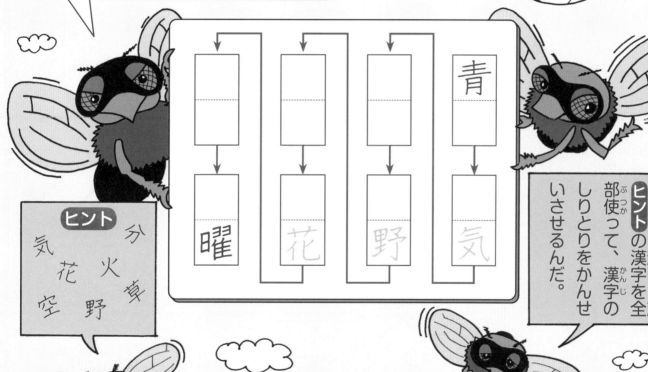

ヒントの漢字を全部使って、漢字のしりとりをかんせいさせるんだ。

ヒント
気　分
火
花　野　草
空

青　　　　　　　曜　花　野　気

33ページにつづく。

 おまけ

●答えが◎の中の数になる九九を花びらに書きましょう。できた
　らすきな色をぬって花をさかせましょう。

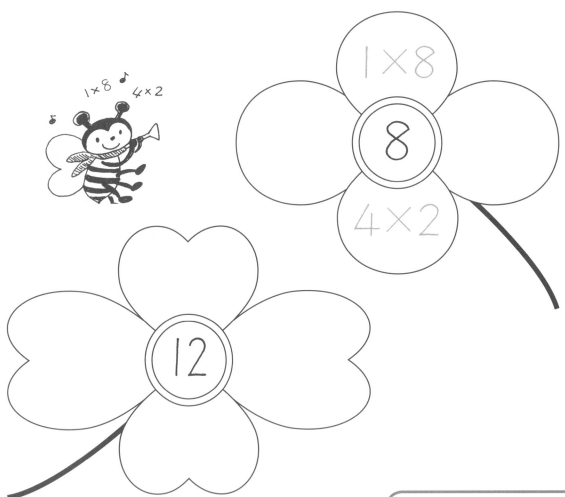

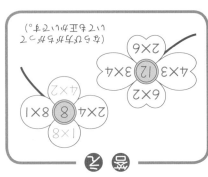

かけ算 7

2のだん、3のだん、5のだんについて考えましょう。

| 2のだん | 2 | 4 | ⑥ | 8 | 10 | 12 |

| 3のだん | 3 | 6 | ⑨ | 12 | 15 | 18 |

| 5のだん | 5 | 10 | ⑮ | 20 | 25 | 30 |

2×3の答えと3×3の答えをたすと、5×3の答えになります。

$$2 \times 3 = ⑥$$
$$3 \times 3 = ⑨$$
$$2+3=5 \Rightarrow 5 \times 3 = ⑮$$

ほかのところも、同じようになるでしょうか。やってみましょう。

ほかのだんではどうでしょう。☐に数を書きましょう。

① 2のだんと4のだん

$$2 \times 6 = 12$$
$$4 \times 6 = 24$$
$$☐ \times 6 = ☐$$

② 3のだんと5のだん

$$3 \times 7 = ☐$$
$$5 \times 7 = ☐$$
$$☐ \times 7 = ☐$$

【22ページの答え】① 頭・数える　② 一番高い・明るく・光る　③ 強い・弱く　④ 汽車・ピアノ・本
⑤ 今朝・夜・昼　⑥ 日が・心配したり　⑦ 毎日　⑧ 引・引・楽しい・絵日記

一・二年生の漢字 7 短い文 ④

□には漢字を、〔 〕には漢字と送りがなを書きましょう。

勉強したのは

□ 月 □ 日

終わったら
色ぬりしよう

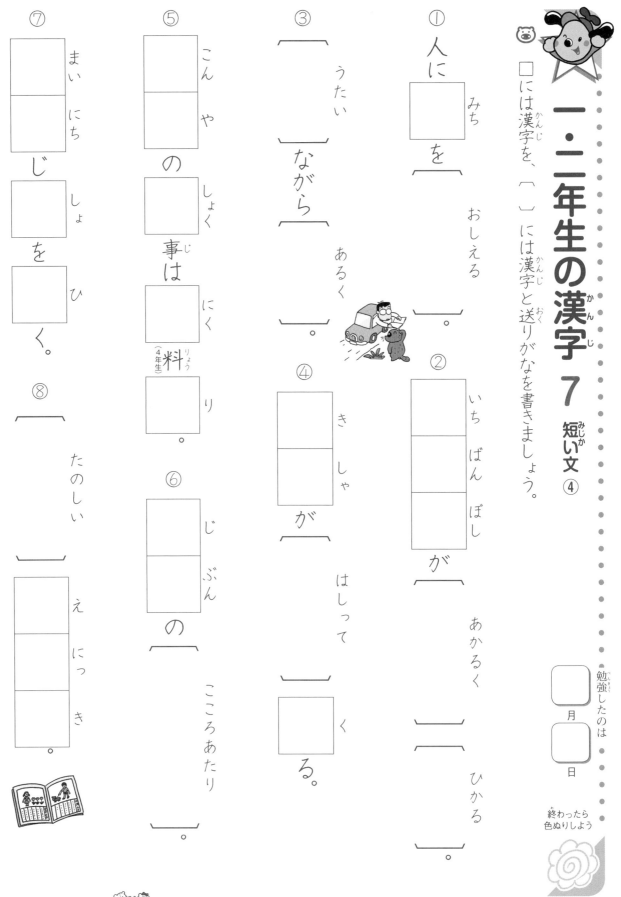

① 人に □ みち を 〔 おしえる 〕。

② □□□ いち ばん ぼし が 〔 あかるく 〕 〔 ひかる 〕。

③ 〔 うたい 〕 ながら 〔 あるく 〕。

④ □□ き しゃ が 〔 はしって 〕 □ く る。

⑤ □ こん □ や の □ 事は じ □ 料 にく (4年生) □ り。

⑥ □□ じ ぶん の 〔 こころあたり 〕。

⑦ □□ まい にち □ じ しょ を □ ひ く。

⑧ 〔 たのしい 〕 □□□ え にっ き 。

● おうちの方へ ●

一つの漢字を習ったら、ぜひ、漢字辞典を開いてみましょう。漢字辞典に載っている熟語をノートに書き出してみるのは、とてもいい勉強になります。重要な熟語には赤丸をつけて覚えると、言葉の数が増えます。

【21ページの答え】① (左から) 21・35・56 ② (上下) 8 (左右) 6・36

かけ算 8

1. 10円玉が4こあります。何円でしょう。また、7こでは何円でしょう。

⑩ ⑩ ⑩ ⑩

式 10×4 = ☐

答え _____

⑩ ⑩ ⑩ ⑩ ⑩ ⑩ ⑩

式 10× ☐ = ☐

答え _____

2. 1こ300円のケーキが4こあります。代金は何円でしょう。

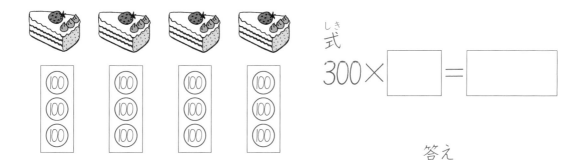

式
300× ☐ = ☐

答え _____

3. 次の計算をしましょう。

① 30×2 =   ② 20×4 =

③ 50×6 =   ④ 400×2 =

⑤ 600×8 =

● おうちの方へ ●

何十、何百のかけ算は、それぞれ10、100を単位に考えると、かけ算九九の範囲でできます。筆算は、後で学習します。

一・二年生の漢字 8 短い文 ⑤

□には漢字を、〔 〕には漢字と送りがなを書きましょう。

① 東大〔 とうだい 〕の ☐〔 じ 〕の〔 ふとい 〕柱。

② しかの ☐〔 つの 〕を ☐〔 き 〕る。

③ えさは ☐☐☐〔 こう えん まえ 〕の ☐〔 みせ 〕で〔 うって 〕いる。

④ ☐〔 かぜ 〕の ☐〔 ほう 〕向〔 こう 〕。

⑤ 〔 はれた 〕日の ☐〔 しろい 〕☐〔 くも 〕。

⑥ ☐☐〔 あま ど 〕をしめる ☐〔 おと 〕。

⑦ ☐☐〔 とおく 〕で ☐〔 なん かい 〕もかみなりが〔 な 〕る。

⑧ ☐☐〔 の はら 〕で遊〔 あそ 〕ぶ。

● おうちの方へ ●

② 「角」は「つの・かど・かく」と読み、どれも大切な読み方です。④ 「方向」は「方行」としないように注意しましょう。

【23ページの答え】 1. ①10×4=40 40円 10×7=70 70円
2. 300×4=1200 1200円 3. ①60 ②80 ③300 ④800 ⑤4800

かけ算 9

🐻 100マス計算をしましょう。

100マス計算は、一番上の列の左から右へ、じゅんにしていきます。一番上の列が終わったら二番目の列をします。かならずじゅん番にしましょう。

×	4	2	7	1	8	3	5	0	9	6	→次のだんへ
3	12 6										
5											
0											
2											
8											
4											
6											
1											
7											
9											

● おうちの方へ 🐶🐶 ●

100マス計算は、かけ算九九を練習する簡単な方法です。はじめはゆっくりまちがいのないように。たくさん練習させると、どんどん速くできるようになります。

□には漢字を、〔 〕には漢字と送りがなを書きましょう。

勉強したのは
□ 月 □ 日

終わったら
色ぬりしよう

① うお いち ば 〔 けん がく 〕 に □ いく。

② □ でん しゃ が 〔 とおる 〕。

③ ゆき の □ ば あい は お 〔 やすみ 〕。

④ 〔 ひろい 〕 □ うみ に うかぶ □ ふね。

⑤ □ いけ の □ なか の 〔 まるい 〕 □ いし。

⑥ □ たに がわ の □ いわ の □ あいだ。

⑦ 〔 ながい 〕 □ とり の □ はね。

⑧ 〔 ふるい 〕 □ ゆみ や の □ かたち。

【25ページの答え】

×	9	7	4	6	4	8	2	0	5	3
4	36	28	2	24	16	32	8	0	20	12
2	18	14	7	12	8	16	4	0	10	6
7	63	49	1	42	28	56	14	0	35	21
8	18	7	8	6	48	8	16	0	40	3
1	63	56	3	32	18	64	6	0	15	24
0	0	21	5	42	30	24	10	0	25	9
8	81	35	0	20	0	40	18	0	45	27
54	42	36	6	24	48	12	0	30	18

短い時間

50m走の時間を計るとき、ストップウォッチを使います。
1分より短い時間のたんいには秒を使います。
1分＝60秒

1. たろう君は、50mを9秒で走りました。つばさ君は、11秒で走りました。
だれが、何秒速かったでしょう。

（　　　　　君が　　　秒）速かった。

2. ゆり子さんは、れんぞくなわとびの時間を計ってもらいました。タイム係の
まさる君が、「おしい、あと3秒で1分」と言いました。
ゆり子さんは、何秒とんでいたでしょうか。
式

答え _____

3. 次の時間を秒にしましょう。

〈れい〉 1分15秒＝75秒　　　① 1分5秒＝（　　　　秒）
　　　↓　　↓　　↑
　　　60秒＋15秒　　　② 1分20秒＝（　　　　秒）

4. 次の時間を分と秒にしましょう。

〈れい〉 84秒＝1分24秒　　　① 90秒＝（　　分　　秒）
　　　　↑　　↑
　　84秒−60秒＝24秒　　　② 115秒＝（　　分　　秒）

● おうちの方へ
60秒で1分、60分で1時間、24時間で1日という時間独特の単位です。しっかり覚えさせましょう。3.と4.はむずかしいですが、〈れい〉を見て落ち着いてやらせましょう。

【28ページの答え】①① ふうしゃ・ヤさい・とけい ② れんげつ・スしづめ ③ そうしき・くうはち
②① ヤ・はな ② み・にちち ③ ほく・こ・き ④ みゃ・けう・けう・ケ

漢字の音と訓 1

勉強したのは

月　日

終わったら
色ぬりしよう

① 次の言葉の二通りの読み方を書きましょう。

〈れい〉　水車　{ すいしゃ / みずぐるま }

① 風車 { ／ }

② 年月 { ／ }

③ 草原 { ／ }

② 次の——を引いた漢字の読み方を書きましょう。

① （　）（　）
　花だんで花たばを作る。

② （　）（　）（　）
　三日後は、日曜日だ。

③ （　）（　）（　）
　大木の木かげで木にもたれて休む。

④ （　）（　）
　九月の「中秋の名月」はお月見だ。

● おうちの方へ

漢字には音読みと訓読みがあり、それぞれにいろいろな読み方があります。「音読み」は中国から伝わった読み方で、「スイ」「フウ」のように耳で聞いただけでは意味がわかりにくいです。「訓読み」は、中国から伝わった漢字に日本の言葉をあてはめたもので、「みず」「かぜ」のように聞いただけで意味がわかります。

㉘

[27ページの答え] 1. わろう3 ひろう2 わろう2　2. 60−3＝57　57本　3. ①65ぴき ②80ぴき
4. ①1分30秒 ②1分55秒

あなあき九九 1

次の☐の中に数を書きましょう。

① 1 × ☐ = 1

② 1 × ☐ = 2

③ 1 × ☐ = 3

④ 1 × ☐ = 4

⑤ 1 × ☐ = 5

⑥ 1 × ☐ = 6

⑦ 1 × ☐ = 7

⑧ 1 × ☐ = 8

⑨ 1 × ☐ = 9

⑩ 2 × ☐ = 2

⑪ 2 × ☐ = 4

⑫ 2 × ☐ = 6

⑬ 2 × ☐ = 8

⑭ 2 × ☐ = 10

⑮ 2 × ☐ = 12

⑯ 2 × ☐ = 14

⑰ 2 × ☐ = 16

⑱ 2 × ☐ = 18

● おうちの方へ

「あなあき九九」は、かけ算からわり算に入るつなぎの教材です。かけ算九九を正しく覚えている子はよくできます。かけ算九九が不十分な子は、九九の練習を先にしましょう。

29

次の——を引いた漢字の読み方を書きましょう。

勉強したのは

☐ 月 ☐ 日

終わったら
色ぬりしよう

① ㋐ 買い物に行く。（　）
　㋑ 行く手をさえぎる。（すすむのをじゃまする）（　）
　㋒ 入学式を行う。（　）

② ㋐ 後ろを向く。（　）
　㋑ 後をつける。（　）
　㋒ くもり、後晴れ。（　）

③ ㋐ 生き物（もの）（　）
　㋑ 弟が生まれる。（　）
　㋒ 竹が生える。（　）
　㋓ 生たまご（　）

④ ㋐ 細いひも。（　）
　㋑ 細かいすな。（　）

⑤ ㋐ 川上（　）
　㋑ 目上の人。（　）
　㋒ さかを上る。（　）
　㋓ たなに上げる。（　）
　㋔ 上ばき（　）

● おうちの方へ
訓読みが何通りもある漢字は、読み方をまちがえるとまったく見当はずれの意味になることがあります。送りがなを手がかりにして、読み方を見極める方法を覚えさせましょう。

【29ページの答え】①1 ②2 ③3 ④4 ⑤5 ⑥6 ⑦7 ⑧8 ⑨9
⑩10 ⑪11 ⑫12 ⑬13 ⑭14 ⑮15 ⑯16 ⑰17 ⑱18

あなあき九九 2

🐻 次の□の中に数を書きましょう。

① $7 \times \boxed{} = 7$

② $7 \times \boxed{} = 14$

③ $7 \times \boxed{} = 21$

④ $7 \times \boxed{} = 28$

⑤ $7 \times \boxed{} = 35$

⑥ $7 \times \boxed{} = 42$

⑦ $7 \times \boxed{} = 49$

⑧ $7 \times \boxed{} = 56$

⑨ $7 \times \boxed{} = 63$

⑩ $8 \times \boxed{} = 16$

⑪ $8 \times \boxed{} = 24$

⑫ $8 \times \boxed{} = 32$

⑬ $8 \times \boxed{} = 40$

⑭ $8 \times \boxed{} = 48$

⑮ $9 \times \boxed{} = 18$

⑯ $9 \times \boxed{} = 27$

⑰ $9 \times \boxed{} = 36$

⑱ $9 \times \boxed{} = 45$

● おうちの方へ 🐶🐶 ●

7の段は、九九の中でもむずかしい段です。全部出題しました。ほかの段も続きをやるといいですね。速くやらなくてもいいですが、正確に。

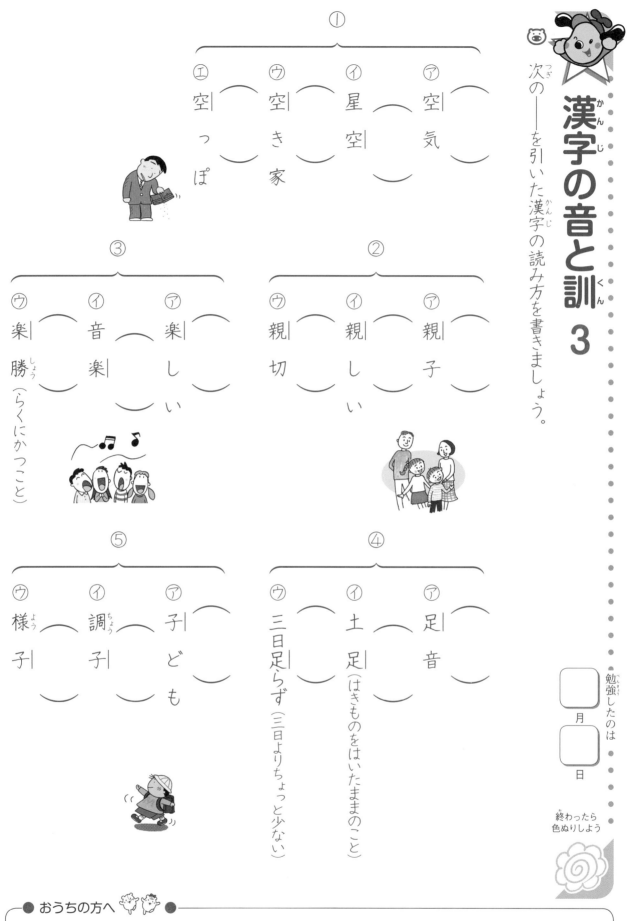

次の──を引いた漢字の読み方を書きましょう。

勉強したのは

月

日

終わったら
色ぬりしよう

①
ア 空気（　）
イ 星空（　）
ウ 空き家（　）
エ 空っぽ（　）

②
ア 親子（　）
イ 親しい（　）
ウ 親切（　）

③
ア 楽しい（　）
イ 音楽（　）
ウ 楽勝（らくにかつこと）（　）

④
ア 足音（　）
イ 土足（はきものをはいたままのこと）（　）
ウ 三日足らず（三日よりちょっと少ない）（　）

⑤
ア 子ども（　）
イ 調子（　）
ウ 様子（　）

● おうちの方へ
漢字には音読み・訓読みを合わせると、たくさんの読み方を持つものがあります。なかには、ここにあげた漢字のように、読み方がちがうと意味がちがってくるものもあります。

【31ページの答え】 ①1 ②2 ③3 ④4 ⑤5 ⑥6 ⑦7 ⑧8 ⑨9 ⑩2 ⑪3 ⑫4 ⑬5 ⑭6 ⑮2 ⑯3 ⑰4 ⑱5

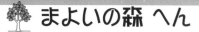

川のと中でカエルさんたちに会ったよ。何かこまっているみたい。
どうしたのかな？

> 正しい文しょうになるように点をつないで、
> おいらのなかまたちに川をわたらせてやってくれよ。

① 川が
② 火が
③ 風が

ぴゅうぴゅう
さらさらと
ぼうぼうと

流れる。
もえる。
ふく。

47ページにつづく。

答え

①川が・さらさらと・流れる。
②火が・ぼうぼうと・もえる。
③風が・ぴゅうぴゅう・ふく。

㉝

1秒の世界

1秒間のできごと

君の心ぞうが1回ドキッとする間が1秒だ。
その間に何が起こるだろう。

●カタツムリ……1cmも動くぞ。

●チーター……28m走る。

君は？ ……5mくらいかな。

世界中で1秒間に

自動車が1台ちょっと作られ、

テレビは4台と少し作られている。

ニワトリは3万3000このたまごをうむんだよ。

そして、戦争のため320万円使われ、

国連が平和のために1万円使っている。

たった1秒だけど、いろいろあるんだね。

（『1秒の世界』ダイヤモンド社より）

声に出して
読もう。

㉞

あなあき九九 3

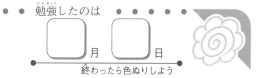

🐻 次の□の中に数を書きましょう。

① $3 \times \boxed{} = 6$

② $3 \times \boxed{} = 9$

③ $3 \times \boxed{} = 12$

④ $3 \times \boxed{} = 15$

⑤ $3 \times \boxed{} = 18$

⑥ $4 \times \boxed{} = 8$

⑦ $4 \times \boxed{} = 12$

⑧ $4 \times \boxed{} = 16$

⑨ $4 \times \boxed{} = 20$

⑩ $5 \times \boxed{} = 10$

⑪ $5 \times \boxed{} = 15$

⑫ $5 \times \boxed{} = 20$

⑬ $5 \times \boxed{} = 25$

⑭ $6 \times \boxed{} = 12$

⑮ $6 \times \boxed{} = 18$

⑯ $6 \times \boxed{} = 24$

⑰ $6 \times \boxed{} = 30$

⑱ $6 \times \boxed{} = 36$

● おうちの方へ 🐶🐶 ●

「あなあき九九」のやり方に慣れるため、九九の段の順に出題しました。ゆっくり、正確にやらせましょう。

【36ページの答え】①しち ②さん ③しち ④に ⑤ろく ⑥し ⑦さ ⑧ご ⑨さん ⑩ご
⑪はち ⑫ご ⑬なな ⑭に ⑮さん ⑯ろく ⑰に ⑱し

次の——を引いた漢字の読み方を書きましょう。うすい字はなぞりましょう。

勉強したのは

月　日

終わったら
色ぬりしよう

①
㋐ 年下（　　）
㋑ 川下（　　）
㋒ 頭を下げる。（　　）
㋓ 手を下ろす。（　　）
㋔ 川を下る。（　　）
㋕ 地下（　　）

②
㋐ 牛の角（　　）
㋑ 角の店（　　）
㋒ 角度（　　）

③
㋐ 月の形（　　）
㋑ 三角形（　　）
㋒ 人形（　　）

④
㋐ 外で遊ぶ。（　　）
㋑ 外科（げ）
㋒ 外野（　　）
㋓ 町外れ（　　）
㋔ 思いの外（ほか）

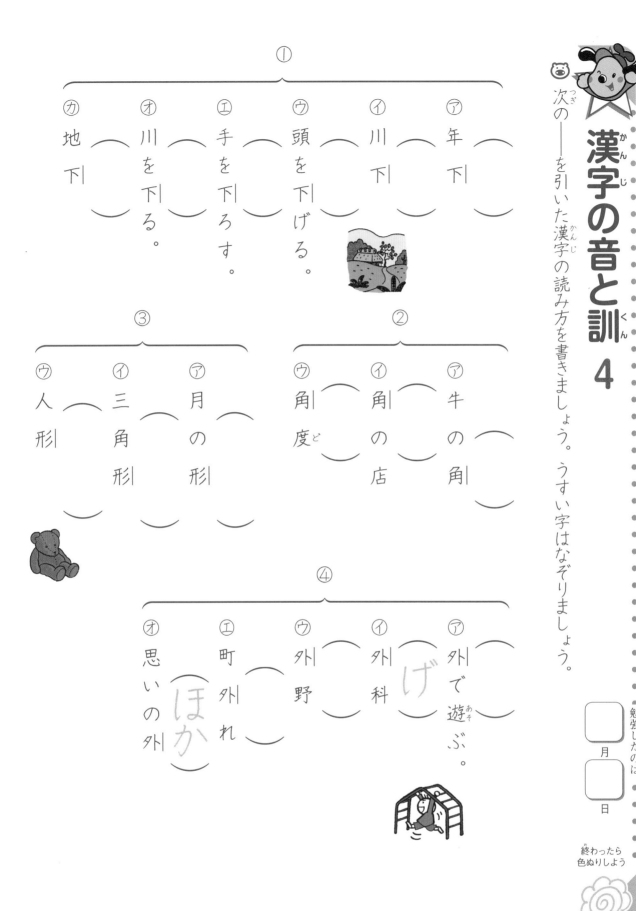

● おうちの方へ

熟語は意味を理解して覚えることが大切です。時間のあるときにいっしょに漢字辞典を引いて、その漢字のどの意味でできた熟語か調べるのもよいですね。④㋑の「外（げ）科」という読み方は中学校で習いますが、覚えておきましょう。

[35ページの答え]
①2　②3　③4　④5　⑤6　⑥2　⑦3　⑧4　⑨5
⑩2　⑪3　⑫4　⑬5　⑭2　⑮3　⑯4　⑰5　⑱6

あなあき九九 4

🐻 次の□の中に数を書きましょう。

① $4 \times \boxed{} = 12$

② $4 \times \boxed{} = 28$

③ $4 \times \boxed{} = 36$

④ $5 \times \boxed{} = 20$

⑤ $5 \times \boxed{} = 30$

⑥ $5 \times \boxed{} = 40$

⑦ $6 \times \boxed{} = 12$

⑧ $6 \times \boxed{} = 24$

⑨ $6 \times \boxed{} = 36$

⑩ $7 \times \boxed{} = 28$

⑪ $7 \times \boxed{} = 49$

⑫ $7 \times \boxed{} = 56$

⑬ $8 \times \boxed{} = 40$

⑭ $8 \times \boxed{} = 56$

⑮ $8 \times \boxed{} = 64$

⑯ $9 \times \boxed{} = 54$

⑰ $9 \times \boxed{} = 63$

⑱ $9 \times \boxed{} = 81$

● おうちの方へ 🐶🐶 ●

「あなあき九九」をバラバラに配置しました。時間がとても長くかかるようでしたら、九九の練習をもう一度やらせましょう。

【38ページの答え】①⑦ さんさんが・9 ②⑰ しいちが・4 ③㋑ さざ・12

言葉のなかま分け 1　三つのなかま ①

勉強したのは □月 □日　終わったら色ぬりしよう

次の言葉は、それぞれどんななかまの言葉ですか。線でむすびましょう。また、それぞれのなかまにあてはまる言葉を後ろの□からえらんで、（　）に書きましょう。

① 赤い　苦しい　元気だ　おだやかだ ・

② 花　子ども　病気　歌声 ・

③ 歩く　着る　思う　育てる ・

さわやかだ　あいさつ　守る

⑦ ものの名前・ことがらを表す言葉 （　）

⑦ 動きを表す言葉 （　）

⑦ 様子を表す言葉 （　）

● おうちの方へ ●
ものの名前・ことがらを表す言葉を名詞、動きを表す言葉を動詞、様子を表す言葉を形容詞・形容動詞といいます。言葉の分類は文法の基礎の一つとなりますので、しっかり身につけさせましょう。

【37ページの答え】①3 ②7 ③9 ④6 ⑤9 ⑥8 ⑦2 ⑧4 ⑨6 ⑩4 ⑪7 ⑫8 ⑬5 ⑭7 ⑮8 ⑯6 ⑰7 ⑱9

あめ12こを、4人に同じ数ずつ分けます。1人分は何こになるでしょう。

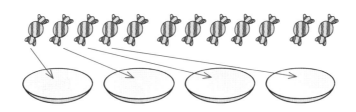

1こずつ配りましたが、まだあるので、もう1こずつ配ります。

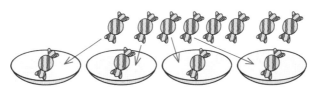

1人につき2こずつになりましたが、まだあるので、もう1こずつ配ります。

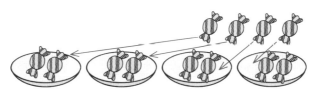

1人に3こずつ配ると、みんななくなりました。

12このあめを **4**人に **同じ**ずつ **分**けると、

$$12 \div 4 = 3$$ 答え　3こ

1人分は3こ。
　いくつかに **分**けて、1あたり何こになるかの計算を
わり算といいます。

● おうちの方へ

わり算の意味の理解です。文章題で何算を使うか決めるには、それぞれの計算の意味を理解していなければなりません。

言葉のなかま分け 2 三つのなかま ②

次の絵の中の言葉を三つのなかまに分けて、（　）に記号を書きましょう。

絵の中の言葉：
- ⑦ 高い
- ⑦ 山登り
- ⑦ 楽しい
- ⑦ にぎやかだ
- ⑦ 集める
- ⑦ 遠足
- ⑦ 投げる
- ⑦ 受ける
- ⑦ きれいだ
- ⑦ つる
- ⑦ 湖
- ⑦ 島

勉強したのは

□ 月 □ 日

終わったら色ぬりしよう

① ものの名前・ことがらを表す言葉

（　）（　イ　）（　）（　）

② 動きを表す言葉

（　）（　）（　）

③ 様子を表す言葉

（　）（　）（　）（　）

● おうちの方へ

「ものの名前」というと、子どもたちは形としてとらえやすいものを思い浮かべます。場所やものごと、総称（「くだもの」「動物」など）、形の見えないものも「ものの名前」（名詞）であることをとらえさせましょう（例えば「時」「音」など）。

⑩

1. 16このビスケットを、4人に同じ数ずつ分けます。1人分は何こになるでしょう。ビスケットを○でかいて、考えましょう。

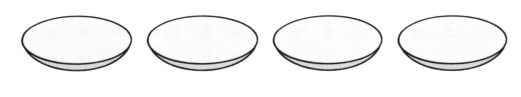

式

答え _____

2. 9このイチゴを、3人に同じ数ずつ分けます。1人分は何こになるでしょう。

式

$$3×\boxed{1}=3$$
$$3×\boxed{2}=6$$
$$3×\boxed{3}=9$$

答え _____

3. 40このビー玉を、8人に同じ数ずつ分けます。1人分は何こになるでしょう。

式

答え _____

● おうちの方へ ●
> ビスケットの代わりにおはじきなど身近にある物を使って、39ページのように分けていくと、わり算の意味がよくわかります。

勉強したのは

□ 月 □ 日

終わったら色ぬりしよう

次の文の中からものの名前やことがらを表す言葉を □ に、動きを表す言葉を （ ） に書きましょう。

① 歯をみがく。

② 毎ばん、九時にねる。

③ 池にすむヤゴを、つかまえる。
（トンボのよう虫）

④ スーパーで、大きなレモンを買う。

● おうちの方へ ●
ここでは「動きを表す言葉」（動詞）は、すべて国語辞典で引ける言い切りの形「う段の音」（終止形）で出しています。実際の文では終止形でないことも多く、終止形以外の形でも動詞だと見きわめることが必要となってきます。活用形（変化する形）や終止形に直す学習は、後でします。

㊷

わり算 3

1. 30このビー玉を、5つの箱に同じ数ずつ入れます。1つの箱に何こ入れますか。

式

答え _____

2. 6人で貝を拾ったので、同じ数ずつ分けることにしました。ひろった貝は、全部で54こでした。1人何こずつになるでしょう。

式

答え _____

3. 64まいの色紙を、8つのグループに同じまい数ずつ配ります。1グループ何まいずつ配ったらいいでしょう。

式

答え _____

● おうちの方へ

2. の問題は、「全部の数」を後に出しています。6÷54などとまちがうようでしたら、問題を簡単な図にして考えさせましょう。

【44ページの答え】 ①ぬいぐるみ ②白い・おもしろい・広がる ③ちゃわん・花だん ④半分・いっぱい・直角だ

次の文の中から様子や気持ちを表す言葉をえらんで、□に書きましょう。

① 鳥のひなが、小さい声で鳴く。

② 白い半紙に、筆で書くのはおもしろい。

③ うちのかわいい子犬たちは、元気だ。

④ 赤い花がいっぱいさいて、見事だ。

● おうちの方へ

「どんな」を表す言葉である形容詞は、言い切りの形（終止形）が「い」、「どんなだ」を表す言葉である形容動詞は「だ」
が終止形です。「〜だ」「〜な」の形にしてみておかしくなければ形容動詞です。国語辞典を引くときは、形容詞は「〜
い」、形容動詞は「だ」のない形で引きます（例：「有名だ」→「有名」）。

わり算 4

★わり算表★

使い方：わり算の答えがわかりにくいときに使います。

〈れい〉 42 ÷ 7 の場合
　　　　 わられる数　わる数

① わる数が7だから、右のらんの÷7を見る。

② ÷7のらんを**左にたどる**。

③ わられる数の42が見つかる。

④ 42を**下にたどる**と、**答えの6**が見つかる。

			わられる数								わる数
0	1	2	3	4	5	6	7	8	9	÷	1
0	2	4	6	8	10	12	14	16	18	÷	2
0	3	6	9	12	15	18	21	24	27	÷	3
0	4	8	12	16	20	24	28	32	36	÷	4
0	5	10	15	20	25	30	35	40	45	÷	5
0	6	12	18	24	30	36	42	48	54	÷	6
0	7	14	21	28	35	**42**	49	56	63	÷	7	①
0	8	16	24	32	40	48	56	64	72	÷	8
0	9	18	27	36	45	54	63	72	81	÷	9
0	1	2	3	4	5	6	7	8	9		

答え　④

🐻 わり算表を見ながら、次のわり算をしましょう。

① 72÷8＝　　　　　　　② 48÷6＝

● おうちの方へ ●

かけ算九九を覚えていない子にも、わり算ができる表です。49ページからのわり算のときにコピーして使ってもいいでしょう。

【46ページの答え】 ① きこ・三かく・ぼく・向き・かん ② 生まれる・なつ ③ 元気な・ながい・うれしく

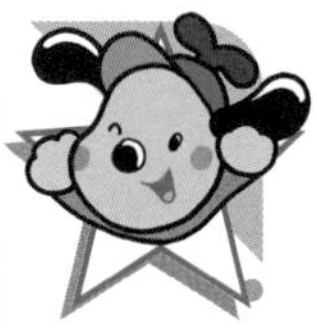

言葉のなかま分け 5 まとめ

□の中の文の——を引いた言葉をなかま分けして、（　）に書きましょう。

勉強したのは　月　日

終わったら色ぬりしよう

> 元気な　子ねこが　三びき　生まれた。
> ぼくは、うれしくて　何度も、なでた。

① ものの名前・ことがらを表す言葉

（　　）（　　）（　　）（　　）

② 動きを表す言葉

（　　）（　　）

③ 様子を表す言葉

（　　）（　　）

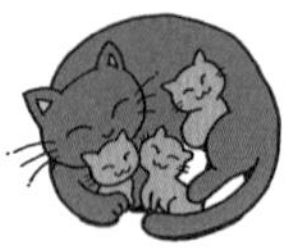

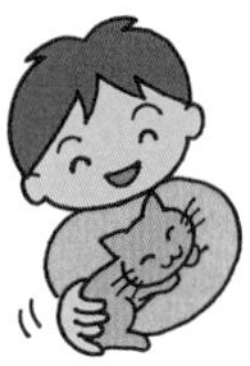

おうちの方へ

長い文になってくると、品詞（名詞・動詞・形容詞・形容動詞）以外のものもまじるので余計に見分けるのがむずかしくなってきます。ここにあげた言葉は、できれば言い切りの形で書けるとより力がつきます。数多くやって、慣れていくことが大切です。

【45ページの答え】①9　②8

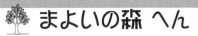

たいへん！ 食虫植物（しょくちゅうしょくぶつ）の森だわ！ 食べられないように、
通りぬけなきゃ！

合体して、正しい漢字（かんじ）ができる道を通って、ゴールに向（む）かいましょう。

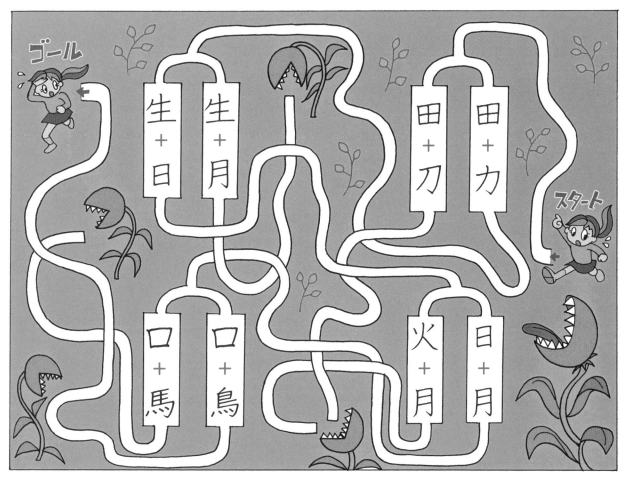

61ページにつづく。

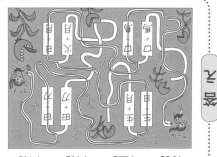

「削」←「飽」←「書」←「笛」

 おまけ

九九をとなえて**答えの一の位**を九九のじゅんに線でむすびます。2のだんと同じ形になるのはどれかな?

4のだん

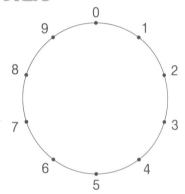

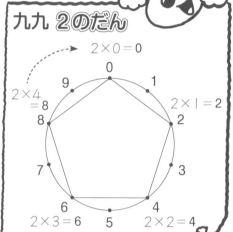

九九 2のだん

2×0=0
2×1=2
2×2=4
2×3=6
2×4=8

6のだん

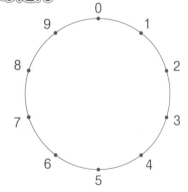

8のだん

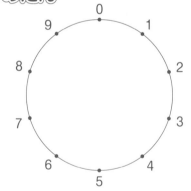

8のだん

(4のだんと6のだんは 星の形になるよ。)

わり算 5

次のわり算をしましょう。

① $3 \div 1 =$

② $4 \div 1 =$

③ $3 \div 3 =$

④ $6 \div 3 =$

⑤ $4 \div 2 =$

⑥ $6 \div 2 =$

⑦ $5 \div 1 =$

⑧ $6 \div 1 =$

⑨ $9 \div 3 =$

⑩ $12 \div 3 =$

⑪ $8 \div 2 =$

⑫ $10 \div 2 =$

⑬ $24 \div 3 =$

⑭ $14 \div 2 =$

⑮ $27 \div 3 =$

⑯ $12 \div 2 =$

⑰ $18 \div 3 =$

⑱ $16 \div 2 =$

⑲ $21 \div 3 =$

⑳ $18 \div 2 =$

● おうちの方へ ●

「わり算5〜8」は、ページごとにわる数が小さいもの順に出題しています。わる数と答えをかけて、わられる数になっていれば正解です。検算の仕方をアドバイスするとよいでしょう。

形のかわる言葉 1 動きを表す言葉

「読む」という言葉を、それぞれの文に合うように形をかえて書きましょう。書いたら、かわる部分を赤丸でかこみましょう。

① 弟は、新聞を（読 ま ）ない。

② 父は、朝、新聞を（　　）ます。

③ 母は、朝食後、新聞を（　　）。

④ 新聞を（　　）ば、知しきがふえます。

⑤ 高学年になったら、新聞を（　　）う。

> 一つだけ形のかわらないものがあるよ。

● おうちの方へ ●

文の中では、使い方によって言葉がいろいろな形に変化します。これを「活用」といいます。このページは動詞の活用形（五段活用→変化部分を横に読むと「ま・み・む・め・も」となります）です。③は終止形（言い切りの形）です。動詞はほかにも、上一段活用、下一段活用など、いくつかの活用形があります。

【49ページの答え】①3 ②4 ③1 ④2 ⑤5 ⑥3 ⑦5 ⑧6 ⑨3 ⑩4
⑪7 ⑫5 ⑬8 ⑭7 ⑮9 ⑯6 ⑰9 ⑱8 ⑲7 ⑳9

わり算 6

🐻 次のわり算をしましょう。

① 0 ÷ 4 =

② 4 ÷ 4 =

③ 8 ÷ 4 =

④ 10 ÷ 5 =

⑤ 15 ÷ 5 =

⑥ 20 ÷ 5 =

⑦ 12 ÷ 4 =

⑧ 16 ÷ 4 =

⑨ 25 ÷ 5 =

⑩ 30 ÷ 5 =

⑪ 24 ÷ 4 =

⑫ 20 ÷ 4 =

⑬ 5 ÷ 5 =

⑭ 0 ÷ 5 =

⑮ 36 ÷ 4 =

⑯ 35 ÷ 5 =

⑰ 32 ÷ 4 =

⑱ 40 ÷ 5 =

⑲ 28 ÷ 4 =

⑳ 45 ÷ 5 =

● おうちの方へ ●

わる数が4と5のページです。わかりにくいときは、45ページの「わり算表」を使わせましょう。

【52ページの答え】①ウ ②イ ③ア ④ウ ⑤エ ⑥ア ⑦イ ⑧エ

形のかわる言葉 2　様子を表す言葉 ①

勉強したのは

□ 月　□ 日

終わったら色ぬりしよう

「楽しい」という言葉を、それぞれの文に合うように形をかえて書きましょう。書いたら、かわる部分を赤丸でかこみましょう。

① 明日の遠足は（ 楽し⟨かろ⟩ ）う。（＝楽しいだろう）

② きのうの遠足は（　　　　　）た。

③ 遠足は（　　　　　）て、とてもよかった。

④ みんなで遊ぶことは、（　　　　　）。

⑤ （　　　　　）遠足は、一年に二回だ。

⑥ 山登りが（ ⟨けれ⟩ ）ば、また行こう。

形のかわらないものが二つあるよ。

● おうちの方へ ●

ここでは、様子を表す言葉のうち形容詞の活用を取り上げました。形容詞は、「〜い」が言い切りの形（終止形）です。変化部分を横につなげて読むと、「かろ・かっ・く・い・い・けれ」となります。他の形容詞でもやってみましょう。

【51ページの答え】①0 ②1 ③2 ④2 ⑤3 ⑥4 ⑦3 ⑧4 ⑨5 ⑩6 ⑪6 ⑫5 ⑬1 ⑭0 ⑮9 ⑯7 ⑰8 ⑱8 ⑲7 ⑳9

わり算 7

🐻 次のわり算をしましょう。

① 6 ÷ 6 =

② 0 ÷ 6 =

③ 7 ÷ 7 =

④ 14 ÷ 7 =

⑤ 18 ÷ 6 =

⑥ 12 ÷ 6 =

⑦ 28 ÷ 7 =

⑧ 21 ÷ 7 =

⑨ 42 ÷ 6 =

⑩ 30 ÷ 6 =

⑪ 42 ÷ 7 =

⑫ 0 ÷ 7 =

⑬ 24 ÷ 6 =

⑭ 35 ÷ 7 =

⑮ 36 ÷ 6 =

⑯ 49 ÷ 7 =

⑰ 54 ÷ 6 =

⑱ 56 ÷ 7 =

⑲ 48 ÷ 6 =

⑳ 63 ÷ 7 =

● おうちの方へ ●

÷6、÷7のページです。少しむずかしいかもしれません。時間がかかるようでしたら、45ページの「わり算表」を使わせてみましょう。それでもわかりにくいようでしたら、わり算を一時ストップしてかけ算九九の練習をさせましょう。

【54ページの答え】 ①こたえ7 ②こたえ3 ③こたえ1 ④こたえ5 ⑤こたえ6 ⑥こたえ9 ⑦こたえ4 ⑧こたえ8 ⑨こたえ9

勉強したのは　[　]月　[　]日

終わったら色ぬりしよう

「しずかだ」という言葉を、それぞれの文に合うように形をかえて書きましょう。書いたら、かわる部分を赤丸でかこみましょう。

① 今、図書室はさぞ（ しずか だろ ）う。

② 図書室は、とても（　　　　）た。

③ 図書室は（ で ）、本がよく読める。

④ （　　　　）本を読むと、心が落ち着く。

⑤ まだ朝が早いので、町は（　　　　）。

⑥ （　　　　）夜にゆっくり本を読む。

⑦ （ なら ）ゆっくりねむれる。

形のかわらないものが一つあるよ。

● おうちの方へ
様子を表す言葉の形容動詞にも活用があります。言い切りの形は「～だ」ですが、「母だ」は形容動詞ではありません。それが形容動詞かどうかは、「～な」の形になるかどうかで判断します。「きれいな人」は○ですが、「母な人」は×ですね。形容動詞の変化部分を横につなげて読むと、「だろ・だっ・で・に・だ・な・なら」となります。

【53ページの答え】①1 ②0 ③3 ④2 ⑤3 ⑥9 ⑦2 ⑧3 ⑨7 ⑩5
①6 ⑫0 ⑬1 ⑭5 ⑮6 ⑯7 ⑰9 ⑱8 ⑲8 ⑳9

わり算 8

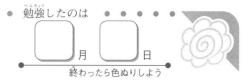

🐻 次のわり算をしましょう。

① $16 \div 8 =$

② $8 \div 8 =$

③ $9 \div 9 =$

④ $18 \div 9 =$

⑤ $24 \div 8 =$

⑥ $32 \div 8 =$

⑦ $36 \div 9 =$

⑧ $27 \div 9 =$

⑨ $40 \div 8 =$

⑩ $48 \div 8 =$

⑪ $72 \div 9 =$

⑫ $0 \div 8 =$

⑬ $63 \div 9 =$

⑭ $56 \div 8 =$

⑮ $45 \div 9 =$

⑯ $72 \div 8 =$

⑰ $0 \div 9 =$

⑱ $64 \div 8 =$

⑲ $54 \div 9 =$

⑳ $81 \div 9 =$

● おうちの方へ ●

÷8と÷9のページです。これで÷1〜÷9までの練習は終わりです。

国語辞典の使い方 1 引くじゅん番 ①

勉強したのは

月　日

終わったら
色ぬりしよう

五十音表を書きましょう。書いたら、各列の一番上の文字を右から左へ何度も読んでおぼえましょう（「あ・か・さ・た・な・は・ま・や・ら・わ」「ん」）。

あいうえお

か

お

ん

を

あいうえお

● おうちの方へ

国語辞典を引くときに一番大切なことは、どの順にその言葉が出てくるかということです。さっと引くために五十音の先頭音を横につなげて言えるよう繰り返し唱えて、徹底的に頭に焼きつけましょう。さっと辞典が引ける力は、今後の学習能力に大きな影響を及ぼします。

【55ページの答え】 ①2 ②1 ③3 ④2 ⑤3 ⑥4 ⑦4 ⑧3 ⑨5 ⑩6
⑪8 ⑫0 ⑬7 ⑭7 ⑮5 ⑯9 ⑰0 ⑱8 ⑲6 ⑳9

わり算 9

勉強したのは　　月　　日
終わったら色ぬりしよう

🐻 次のわり算をしましょう。

① 8 ÷ 4 ＝

② 15 ÷ 3 ＝

③ 20 ÷ 5 ＝

④ 24 ÷ 4 ＝

⑤ 14 ÷ 2 ＝

⑥ 3 ÷ 1 ＝

⑦ 6 ÷ 2 ＝

⑧ 2 ÷ 1 ＝

⑨ 0 ÷ 3 ＝

⑩ 45 ÷ 5 ＝

⑪ 35 ÷ 7 ＝

⑫ 24 ÷ 8 ＝

⑬ 12 ÷ 6 ＝

⑭ 0 ÷ 9 ＝

⑮ 21 ÷ 7 ＝

⑯ 32 ÷ 8 ＝

⑰ 54 ÷ 6 ＝

⑱ 45 ÷ 9 ＝

⑲ 42 ÷ 6 ＝

⑳ 63 ÷ 7 ＝

● おうちの方へ

÷1〜÷9までをバラバラに出題しています。ここまでのわり算は、あまりがありません。たくさん練習して、答えがパッとわかるようにさせましょう。

【答え】（もんだい①）②2・③3・④6・⑤4・⑥1・⑤5・②5・③2・①3・①2 [58ページへ]

次の言葉を国語辞典に出てくるじゅんに番号をつけましょう。

勉強したのは

☐ 月　☐ 日

終わったら
色ぬりしよう

①

（　）うし

（　）くま

（　）ねこ

（　）しか

（　）いぬ

（　）とら

②

（　）やね

（　）や

（　）やご

③

（　）からす

（　）からぶり

（　）からい

④

（　）あまぐも

（　）あまくち
　　（あまいあじのもの）

（　）あまぐつ

【57ページの答え】①2 ②5 ③4 ④6 ⑤7 ⑥3 ⑦3 ⑧2 ⑨0 ⑩9
⑪5 ⑫3 ⑬2 ⑭0 ⑮3 ⑯4 ⑰9 ⑱5 ⑲7 ⑳9

わり算 10

1. 12このあめを、1人に4こずつ分けます。何人に分けられるでしょう。

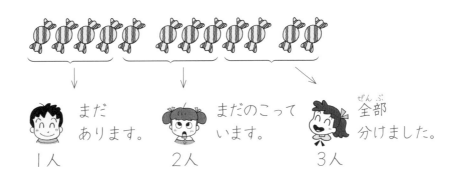

式

答え

全部をいくつかずつに分けると、いくつ分できるかという計算もわり算です。

2. 10mのロープを2mずつ切ると、何本のロープができるでしょう。

式

答え

3. 21まいの色紙を、1人に3まいずつあげます。何人にあげられるでしょう。

式

答え

● おうちの方へ
いくつかずつに分けるわり算です。実際にあめを配ってみると、39ページの「わり算1」の配り方とちがうことがわかるでしょう。「わり算1」とは別のわり算があることに気づくとよいでしょう。それがわかれば、3年生でのわり算の意味理解は合格です。

【答え・60ページ】①3・1・2 ②3・1 ③4・3・2 ④21・3

国語辞典に出ているじゅんに番号をつけましょう。

勉強したのは　□ 月　□ 日

③
（　）びょういん
（　）ピラミッド
（　）ひょう（ひつようなお金）

①
（　）ジュース
（　）じゆう
（　）しゅうじ

④
（　）テレビ
（　）テープ
（　）手がみ

②
（　）トップ
（　）トンネル
（　）ドーナツ

終わったら色ぬりしよう

● おうちの方へ ●
かたかなののばす音（ー）は、「ドーナツ」は「どおなつ」、「テープ」は「てえぷ」、「バレーボール」は「ばれえぼおる」のように、ひらがなに直してから考えましょう。国語辞典では、ひらがなの言葉→かたかなの言葉の順に出てきます。小学校では「ゆ→ゅ」の順に引くように習いますが、大人用の辞典ではちがう場合もあります。

レイナ、ぶじだったのね！
よかった！

国語辞典で、後に出てくる方の虫の名前をたどって、ゴールに行きましょう。まちがわないように気をつけてね。

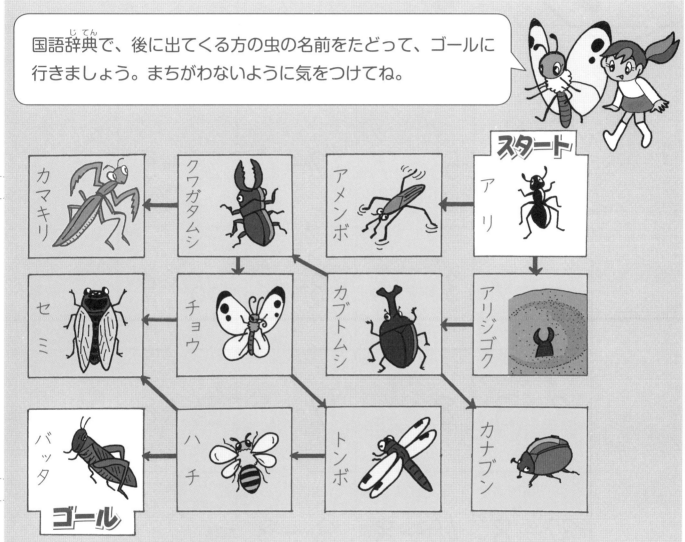

75ページにつづく。

もう勝手にわしの道具にさわっちゃいかんぞ。

はい…

はかせーっ!!

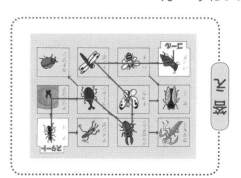

●答えの数が小さい方のへやを進みましょう。

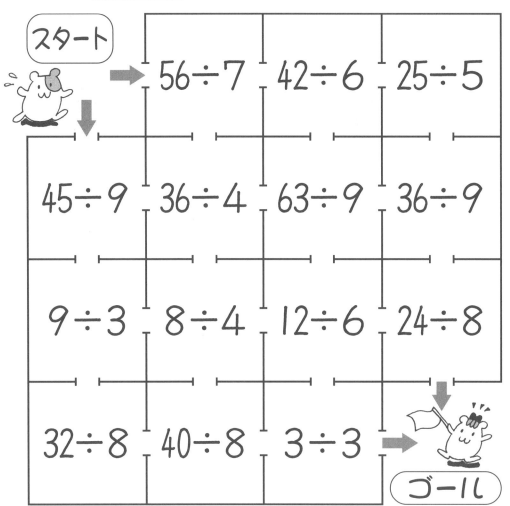

スタート →	56 ÷ 7	42 ÷ 6	25 ÷ 5
45 ÷ 9	36 ÷ 4	63 ÷ 9	36 ÷ 9
9 ÷ 3	8 ÷ 4	12 ÷ 6	24 ÷ 8
32 ÷ 8	40 ÷ 8	3 ÷ 3	→ ゴール

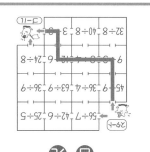

1. クッキーを20こやきました。1つの箱に4こずつ入れます。箱は何こいるでしょうか。

式

答え _____

2. 30このお手玉を5こずつ箱に入れます。箱は何こいるでしょうか。

式

答え _____

3. チョコレートが12こあります。1人に3こずつあげると何人にあげられるでしょう。

式

答え _____

● おうちの方へ

このページもいくつかずつに分けるわり算です。

【64ページの答え】①ひろい ②せまい ③ながい ④みじかい ⑤おもい ⑥かるい ④にぎやか ③しずか ④古い ⑩新しい ⑪ねむい ⑫まぶしい

国語辞典の使い方 4　辞典で引く形 ①

次の言葉を国語辞典で引くときの形に直しましょう。

① 動きを表す言葉

(ア) 歩いた→（歩く）
(イ) 見た→（　）
(ウ) 食べよう→（　）
(エ) 書け→（　）

② 様子を表す言葉

(ア) 赤く→（赤い）
(イ) 悲しかった→（　）
(ウ) 美しかった→（　）
(エ) 安ければ→（　）
(オ) 同じだろう→（同じ）
(カ) にぎやかだった→（　）
(キ) 見事だった→（　）
(ク) きれいでした→（　）

①と②の(ア)(イ)(ウ)(エ)は言い切りの形を書こう。②の(オ)(カ)(キ)(ク)はかわらない部分を書こう。

勉強したのは　月　日

終わったら色ぬりしよう

● おうちの方へ
国語辞典を引くときは、動詞は言い切りの形（終止形）で、形容詞も「〜い」という言い切りの形で引きます。形容動詞は活用部分を除いた形（「さわやかだ」→「さわやか」）で引きます。形容動詞については54ページを見てください。

【63ページの答え】 1. 20÷4=5　5こ　30÷5=6　6こ 3. 12÷3=4　4人

わり算 12

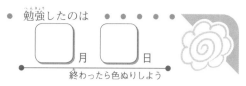

1. 24まいの色紙がありました。

① 3まいずつ分けると、何人に配れるでしょう。

式

答え _____

② 6人に同じまい数配ると、1人何まいになるでしょう。

式

答え _____

2. クッキーを36こやきました。

① 6まいのさらに同じ数ずつのせると、1まいのさらにクッキーは何こになるでしょう。

式

答え _____

② 1まいのさらに4こずつのせると、さらは何まいいるでしょう。

式

答え _____

【66ページの答え】① しょうゆ ② さとう ③ しお ④ こむぎこ ⑤ 楽しい ⑥ 正しい ⑦ おいしい ⑧ 遊ぶ ③ ⑨ 親切 ⑩ まよう ⑪ ふやす ⑫ 終える

勉強したのは

月　日

次の──の言葉を、国語辞典で引くときの言い切りの形に書き直しましょう。

〈れい〉　・読もう → 読む　・白く → 白い　・にぎやかな → にぎやか

① 息を　しずかに　深く　すった。

⑦　　　　　　　　　⑦　　　　　　⑦

⑦　　　　　　　　　　⑦　　　　　　　　⑨

② みんなで　楽しく　元気に　遊ぼう。

⑦　　　　　　⑦　　　　　⑨

⑦　　　　　　　⑦　　　　　　⑨

③ 親切に　やさしく　道を　教えた。

⑦　　　　　　⑦　　　　　　⑨

⑦　　　　　　　　⑦

終わったら
色ぬりしよう

──●　おうちの方へ　●──

国語辞典で引くときの形で一番むずかしいのは形容動詞です。動詞や形容詞は終止形で引けばよいのですが、形容動詞の活用部分を除いた形（語幹部）は名詞であることも多い（例：「親切」など）ので、引くときに注意を要します。たくさんやって慣れていくことです。

【65ページの答え】 1. ①24÷3＝8　8人　②24÷6＝4　4人　2. ①36÷6＝6　6こ　②36÷4＝9　9まい

3けたのたし算 1

🐻 次のたし算をしましょう。

①
```
  4 2 3
+   5 2
```

②
```
  6 4 8
+   5 1
```

③
```
  1 7 4
+ 6 2 1
```

④
```
  6 5 2
+ 3 1 3
```

⑤
```
  3 0 6
+ 5 4 0
```

⑥
```
  5 1 8
+ 4 7 0
```

⑦
```
  3 2 0
+ 4 0 9
```

● おうちの方へ 🐶🐶 ●

くり上がりのないたし算です。一の位から計算します。

⑥⑦

勉強したのは

☐ 月 ☐ 日

終わったら
色ぬりしよう

1 次の――を引いた言葉の意味を、後の　　の中からえらんで、記号で書きましょう。

① あせを　かく。（　）

　　㋐ ひっかく　㋑ 出る　㋒ つづる（書く）

② かぜを　ひく。（　）

　　㋐ ひっぱる　㋑ えんそうする　㋒ かかる

③ ほうきで　はく。（　）

　　㋐ 着る　㋑ きれいにする　㋒（口から）はき出す

2 次の文の「あたる」という言葉は、下のだんのどの意味ですか。線でむすびましょう。

① 矢がまとにあたる。　　　　・　　　　・㋐ 予想通りになる。

② 妹にあたる。　　　　　　　・　　　　・㋑ 光がさす。

③ 天気予ほうがあたる。　　　・　　　　・㋒ 命中する。

④ 日があたる。　　　　　　　・　　　　・㋓ つらいしうちをする。

⑤ 駅は北の方にあたる。　　　・　　　　・㋔ その方角にある。

● おうちの方へ ●
国語辞典では一つの言葉にいくつかの意味が載っていることがあります。そういうときは、調べている言葉の前後の文をよく読み、どの意味が適切なのかを判断します。これができないと、せっかく辞典を引いても役に立ちません。大人用の辞典ではむずかしいので、小学生の間は「小学生用」の辞書が適切です。

68

3けたのたし算 2

🐻 次のたし算をしましょう。

①
```
  5 1 4
+   3 8
```

②
```
  8 2 5
+   4 9
```

③
```
  3 2 7
+   6 7
```

④
```
  6 3 9
+   3 3
```

⑤
```
  4 5 6
+ 2 0 8
```

⑥
```
  6 8 4
+ 1 0 6
```

⑦
```
  5 0 2
+ 3 1 8
```

● おうちの方へ

一の位がくり上がります。くり上がりを忘れないよう、小さな1を十の位に書かせましょう。

【こたえ】①552 ②874 ③394 ④672 ⑤664 ⑥790 ⑦820 [70ページの答え]

勉強したのは　月　日

終わったら
色ぬりしよう

① 次の文が表す意味を　□　からえらび、（　）に記号を書きましょう。

① 顔を使った慣用句

顔

① が広い。
② にどろをぬる。
③ 色を見る。
④ から火が出る。

㋐ はじをかかせる。
㋑ 多くの人に知られている。
㋒ 相手の表じょうをうかがう。
㋓ とてもはずかしい。

② 頭を使った慣用句

頭

① をひねる。
② をかかえる。
③ から湯気を出す。
④ が上がらない。

㋐ したがうしかない。
㋑ とてもおこっている。
㋒ よく考える。
㋓ ひじょうにこまっている。

● おうちの方へ
二つ以上の言葉がいっしょになって、ある特別な意味をなすものを「慣用句」といいます。「慣用句」は、一つひとつの言葉や表面的な意味だけを理解しても本当の意味はわかりませんが、意味とつなげて様子を思い浮かべると、なるほどとうなずけて楽しいですね。

3けたのたし算 3

🐻 次のたし算をしましょう。

①
```
   7 9 2
 +   4 1
```

②
```
   2 6 4
 +   7 3
```

③
```
   5 4 6
 + 2 8 2
```

④
```
   1 7 3
 + 4 5 6
```

⑤
```
   4 6 1
 + 4 6 6
```

⑥
```
   3 2 9
 + 1 8 0
```

⑦
```
   1 3 7
 + 2 7 1
```

● おうちの方へ

十の位だけがくり上がります。百の位に小さく1を書いて、くり上がりを忘れないようにさせましょう。

【答え】⑦408 ⑥509 ⑤927 ④629 ③828 ②337 ①833 ［72ページの答え］

① 次の文が表す意味を □ からえらび、（　）に記号を書きましょう。

終わったら
色ぬりしよう

① 耳を使った慣用句

耳

① 　にたこができる。（　）
② 　をすます。（　）
③ 　がいたい。（　）
④ 　をうたがう。（　）

⑦ 弱点をつかれて聞くのがつらい。
⑦ しんじられないことを聞く。
⑦ 聞こうと注意を集中させる。
⑦ 何度も聞いて聞きあきる。

② 目を使った慣用句

目

① 　をかける。（　）
② 　を白黒させる。（　）
③ 　のかたき。（　）
④ 　も当てられない。（　）

⑦ 何かにつけてやっつけてやろうと思う相手。
⑦ ひどくおどろく様子。
⑦ とてもひどくて見ていられない。
⑦ とくにかわいがってめんどうを見る。

● おうちの方へ

「慣用句」を調べるときには、国語辞典を使うと便利です。例えば「目」に関する慣用句なら「目」で引きます。関連表現として、たくさんの「慣用句」が載っています。

4けたのたし算

勉強したのは

◯ 月 ◯ 日

終わったら色ぬりしよう

🐻 次のたし算をしましょう。

①
```
  6 3 4 5
+   1 3 0
```

②
```
  4 0 2 3
+   7 6 1
```

③
```
  1 4 0 8
+ 2 2 4 4
```

④
```
  1 2 6 7
+ 3 8 2 5
```

⑤
```
  6 5 5 2
+   8 2 9
```

⑥
```
  5 7 4 3
+   6 2 8
```

⑦
```
  5 6 4 2
+ 2 7 5 9
```

⑧
```
  4 0 5 5
+ 3 9 7 6
```

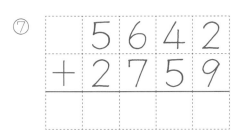

おうちの方へ

けた数が多くなると、問題を見ただけでむずかしく感じる子がいます。同じ位どうしをたすことが大前提、次にくり上がりを気をつければいいのです。くり上がりは、いつも「1」です。

【74ページの答え】 ①ウ ②ア ③エ ④イ ②ア ③イ ④①エ ②オ ③ア ④エ

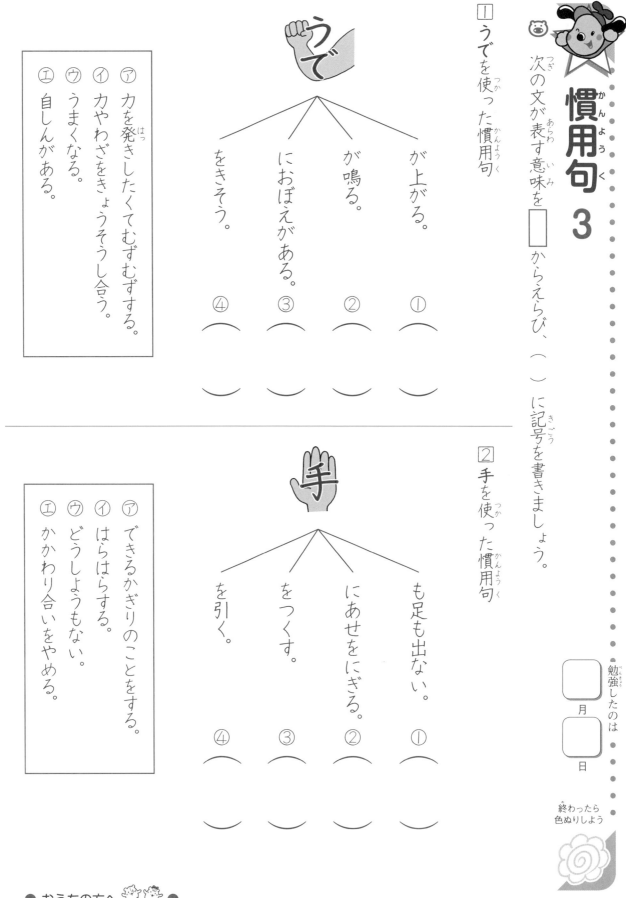

慣用句 3

勉強したのは

☐月 ☐日

終わったら
色ぬりしよう

1 次の文が表す意味を ☐ からえらび、（ ）に記号を書きましょう。

① うでを使った慣用句

うで

① が上がる。 （ ）（ ）
② が鳴る。 （ ）（ ）
③ におぼえがある。 （ ）（ ）
④ をきそう。 （ ）（ ）

⑦ 力を発きしたくてむずむずする。
① 力やわざをきょうそうし合う。
⑰ うまくなる。
⑦ 自しんがある。

2 手を使った慣用句

手

① も足も出ない。 （ ）（ ）
② にあせをにぎる。 （ ）（ ）
③ をつくす。 （ ）（ ）
④ を引く。 （ ）（ ）

⑦ できるかぎりのことをする。
① はらはらする。
⑰ どうしようもない。
⑦ かかわり合いをやめる。

● おうちの方へ ●

「慣用句」は、言葉どうしが特別なセットになったものですから、ひとまとまりの言い方で覚えさせましょう。正しく理解させるには、日常生活で多用していくことが得策です。家庭内の会話でしっかり使っていくようにするとよいですね。

74

【73ページの答え】①6475 ②4784 ③3652 ④5092 ⑤7381 ⑥6371 ⑦8401 ⑧8031

ナゾトキ☆クエスト

ドラキュラ へん

ボーナス
ステージ

さん歩していたら
とつぜん　ドラキュラに
おそわれて
しまった！！

それぞれの部屋（へや）には、文が書いてあるぞ。□に入る
言葉（ことば）が書いてあるとびらをぬけて、ゴールに向（む）かおう。

89ページから算数がはじまるよ！

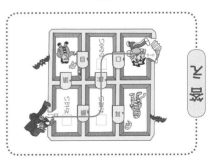

⑳

$3 \div 2 = 1 \cdots 1$ です。　　…は、あまりのしるし

1. パンが3つあります。2人で同じように分けます。

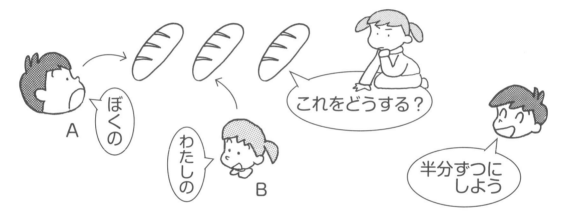

ぼくの

わたしの

これをどうする？

半分ずつに
しよう

2. パンが6つあります。4人で同じように分けます。どんなに
なる？

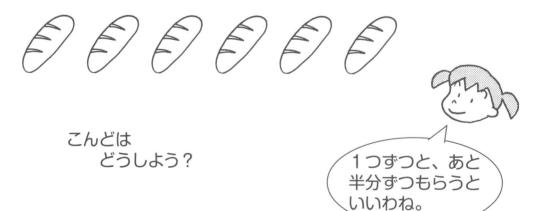

こんどは
どうしよう？

1つずつと、あと
半分ずつもらうと
いいわね。

100マス計算

🐻 次の100マス計算をしましょう。

_____ 分 _____ 秒

×	4	7	0	9	2	6	1	8	3	5	
5											5
1											1
6											6
2											2
7											7
0											0
9											9
3											3
8											8
4											4

かける数（上段見出し）／かけられる数（左見出し・右見出し）

※右らんの数は、左ききの子のために書いています。

─● おうちの方へ 🐕🐕 ●────

かけ算は、正確に速くできるようになっているでしょうか。100マス計算は、毎日することで力がついてきます。ノートを使ったりして1カ月間やってみましょう。タイムを計ることで、自分に力がついていることがわかります。

【78ページの答え】（上のだんから）7 16 4 15 50 5 9 7 9 （下のだんから）9 40 6 15 8 18 5 6 4 10 仕事をする

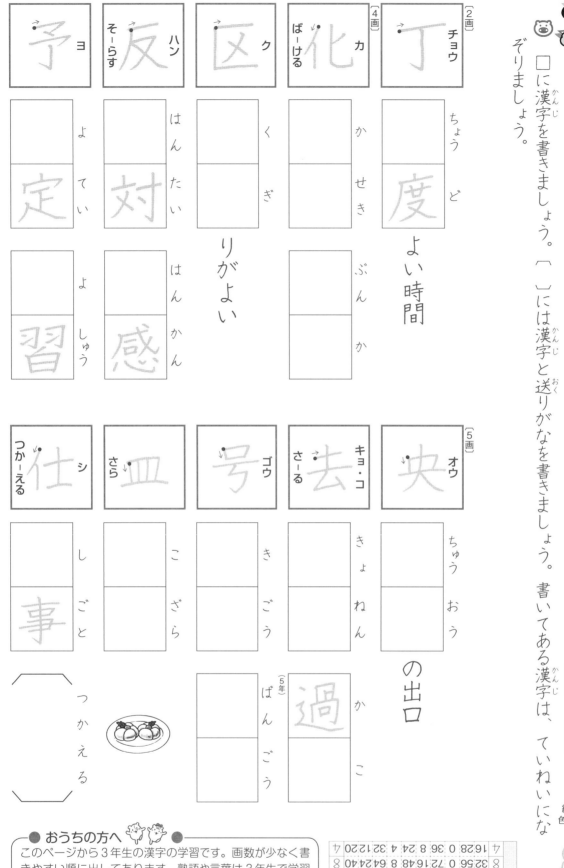

勉強したのは

□ 月 □ 日

終わったら
色ぬりしよう

□に漢字を書きましょう。〔 〕には漢字と送りがなを書きましょう。書いてある漢字は、ていねいにな
ぞりましょう。

〔2画〕
丁 チョウ
→
ちょう ど
度 よい時間

〔4画〕
化 カ
ば－ける
か せき
ぶん か

区 ク
→
く ぎ
りがよい

反 ハン
そ－らす
→
はん たい
対
はん かん
感

予 ヨ
→
よ てい
定
よ しゅう
習

〔5画〕
央 オウ
↓→
ちゅう おう
の出口

去 キョ・コ
さ－る
→
きょ ねん
か こ
〔5年〕
過

号 ゴウ
↓→
き ごう
ばん ごう

皿 さら
↓
こ ざら

仕 シ
つか－える
↓→
し ごと
事
〔 つか える 〕

● おうちの方へ
このページから3年生の漢字の学習です。画数が少なく書
きやすい順に出してあります。熟語や言葉は3年生で学習
するものの中で最重要なものを選んでありますので、使い
こなせるようにしましょう。また、音読み・訓読みはセッ
トで覚えさせましょう（代表的な読み方にしぼってありま
す）。字形に注意：「化」（3画目は右上から）「仕」（5画目
が短い）

【77ページの答え】

4	8	3	9	0	7	2	6		5		×
20	32	12	36	0	28	8	24	4	20	4	4
16	56	21	63	0	49	14	42	7	35		7
28	0	27	81	0	63	18	54	9	45		9
8	72	6	18	0	42	12	36	2	10		2
24	16	18	54	0	14	4	12	6	30		6
32	48	3	27	0	7	2	6		5		
40	24	15	45	0	35	10	30	8	25		
20	32			0							

ひき算 1

🐻 次の計算をしましょう。

① 987 − 736

	9	8	7
−	7	3	6

・数字をわくの中に、くらいに
　気をつけてきちんと書く。
・一のくらい（右）から
　じゅんに計算する。

② 689 − 274

③ 974 − 531

④ 325 − 112

⑤ 863 − 440

⑥ 746 − 135

⑦ 954 − 800

⑧ 771 − 751

⑨ 388 − 342

● おうちの方へ

数字をきちんとマス目の中に書くようにさせましょう。ていねいに書かないと位がずれてまちがいのもとになります。このページはくり下がりがない計算です。

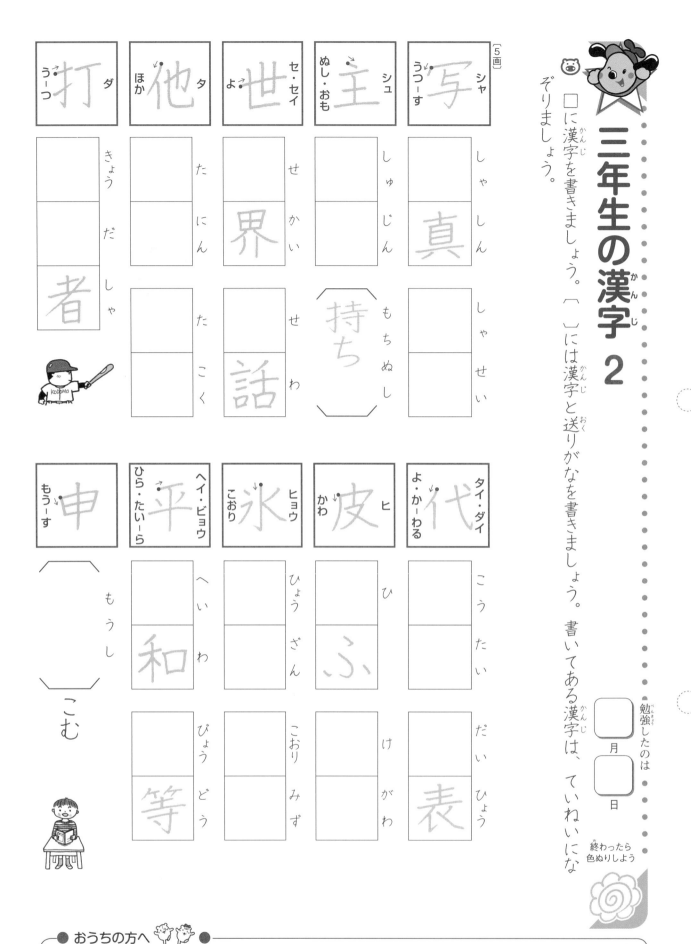

三年生の漢字 2

勉強したのは

□月 □日

終わったら
色ぬりしよう

□に漢字を書きましょう。〔 〕には漢字と送りがなを書きましょう。書いてある漢字は、ていねいにな
ぞりましょう。

[5画]

打 ダ
うーつ

他 タ
ほか

世 セ・セイ
よ

主 シュ
ぬし・おも

写 シャ
うつーす

きょう□だ□者しゃ

た□にん　た□こく

せ□かい（界）　せ□わ（話）

しゅ□じん　もち□ぬし（持ち）

しゃ□しん（真）　しゃ□せい

申 もうーす

平 ヘイ・ビョウ
ひら・たいーら

氷 ヒョウ
こおり

皮 ヒ
かわ

代 タイ・ダイ
よ・かーわる

〔 もう□す 〕こむ

へい□わ（和）　へい□びょう□どう（等）

ひょう□ざん　こおり□みず（水）

ひ□ふ　け□がわ（皮）

こう□たい　だい□ひょう（表）

● おうちの方へ
その他の熟語：「時代」「代理」「頭皮」「平気」「平行」など。「他」は「ほか」とも読めるようになりました。できたら、
お家の人が読み上げて、書けるかどうか見てあげるとよいですね。このページは5画のみです。同じ画数では音読みで五
十音順に出しています。

【79ページの答え】①251 ②415 ③443 ④213 ⑤423 ⑥611 ⑦154 ⑧20 ⑨46

ひき算 2

😊 次の計算をしましょう。

① 755 − 438

```
    7 5⁴5
  − 4 3 8
```

・5−8はできないので、
　十のくらいをくずして15−8
・十のくらいは4になっているので、
　4−3
・百のくらいは7−4

② 964 − 139

③ 941 − 627

④ 851 − 545

⑤ 932 − 426

⑥ 558 − 170

⑦ 716 − 231

⑧ 938 − 385

⑨ 908 − 861

⑩ 439 − 393

● おうちの方へ ●

①〜⑤は一の位でくり下がりがあります。⑥〜⑩は十の位でくり下がりがあります。⑨⑩は、答えが2けたになります。
要注意です。

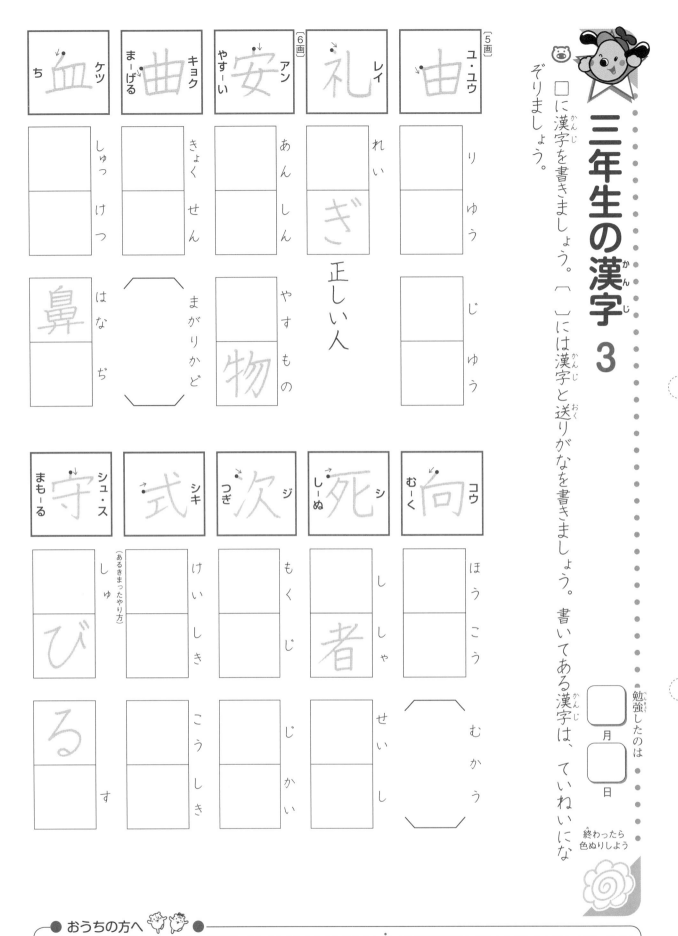

勉強したのは ◯月◯日

□に漢字を書きましょう。〔 〕には漢字と送りがなを書きましょう。書いてある漢字は、ていねいになぞりましょう。

終わったら色ぬりしよう

〔5画〕 由 ユ・ユウ

礼 レイ

安 アン やすーい 〔6画〕

曲 キョク まーげる

血 ケツ ち

り ゅう

あん しん

きょく せん

しゅっ けつ

じ ゅう

ぎ 正しい人

やす もの 物

まがりかど

鼻 はな ぢ

向 コウ むーく

死 シ しーぬ

次 ジ つぎ

式 シキ

守 シュ・ス まもーる

ほう こう

し しゃ

もく じ

けい しき

し ゅ (あるきまったやり方)

むかう

せい し

じ かい

こう しき

びる

者

守

る

【81ページの答え】①317 ②825 ③314 ④306 ⑤506 ⑥388 ⑦485 ⑧553 ⑨47 ⑩46

ひき算 3

🐻 次の計算をしましょう。

① 634 − 357

```
    5 2
  6 3̸ 4
−  3 5 7
```

- 一のくらいの4−7はできないので、
  十のくらいをくずして14−7
- 十のくらいの2−5はできないので、
  百のくらいをくずして12−5
- 百のくらいはくずしているので、5−3

② 836 − 548

③ 715 − 326

④ 648 − 279

⑤ 632 − 178

⑥ 756 − 399

⑦ 942 − 264

⑧ 972 − 579

⑨ 536 − 137

⑩ 710 − 278

●● おうちの方へ ●●

このページでは、一の位も十の位もくり下がりがあります。81ページのように、斜線や補助数字を書かせましょう。

【84ページの答え】

三年生の漢字 4

□に漢字を書きましょう。〔 〕には漢字と送りがなを書きましょう。書いてある漢字は、ていねいになぞりましょう。

勉強したのは □月 □日

終わったら色ぬりしよう

州 シュウ [6画] … ほんしゅう
全 ゼン すべて・まったーく … ぜんいん、まったく〔 〕
有 ユウ あーる … ゆうめい、ゆうりょく
羊 ヨウ ひつじ … ようもう、ひつじぐも
両 リョウ … りょうほう、りょうて

列 レツ [7画] … ぎょうれつ、れっしゃ
医 イ … （ならぶこと）いしゃ、いがく
究 キュウ … けんきゅう
局 キョク … やっきょく、きょくちょう
君 クン きみ … （王さま）くんしゅ、きみ

● おうちの方へ ●

その他の熟語：「全部」「全校」「全体」「前列」「究明」など。「まったく」は「全たく」というまちがいが多くあります。

⑧⁴

ひき算 4

:smile: 次の計算をしましょう。

① 625 − 562

② 779 − 695

③ 347 − 252

④ 416 − 330

⑤ 233 − 180

⑥ 858 − 777

⑦ 926 − 838

⑧ 420 − 376

⑨ 721 − 685

⑩ 553 − 495

● おうちの方へ ●

くり下がりが、十の位にあるもの、一の位と十の位の両方にあるもので、答えに百の位の数がない計算を集めました。くり下がりに十分注意させましょう。

□に漢字を書きましょう。〔 〕には漢字と送りがなを書きましょう。書いてある漢字は、ていねいになぞりましょう。

勉強したのは ［ ］月 ［ ］日

終わったら色ぬりしよう

身 シン み
助 ジョ たす-ける
住 ジュウ す-む
坂 さか
〔7画〕決 ケツ き-める

しんたい
じょしゅ（所）
じゅうしょ（所）
さかみち
けっしん

みうち
〔たすける人〕てだすけ
じゅうにん
のぼりざか
けってい（定）

役 ヤク
返 ヘン かえ-す
豆 トウ・ズ まめ
投 トウ な-げる
対 タイ・ツイ

やくしょ
へんじ（事）
とう（ふ）
とうしゅ
たいりつ

やくいん（員）
へんぴん（品）
だいず
とうきゅう（球）
たいわ

● おうちの方へ

その他の熟語：「救助（・4年生で学習）」「中身」「対面」「小豆（あずき）（中学で習う読み方）」「主役」など。「上り坂」は「上ぼり坂」と書かないこと。字形に注意：「身」→「身」「対」→「対」

【85ページの答え】①63 ②84 ③95 ④86 ⑤53 ⑥81 ⑦88 ⑧44 ⑨36 ⑩58

ひき算 5

🐻 次の計算をしましょう。

① 305 − 189

```
  ³2 9ᴼ ¹15
−   1  8  9
```

- 5−9はできないので、十のくらいをくずしたいが、0なので百のくらいをくずす。
  15−9
- 十のくらいは9になっている。
  9−8
- 百のくらいは2になっているので、
  2−1

② 901 − 314

③ 805 − 669

④ 702 − 458

⑤ 601 − 232

⑥ 304 − 275

⑦ 200 − 187

⑧ 502 − 486

⑨ 605 − 598

⑩ 802 − 793

● おうちの方へ ●

くり下がりが2段階になる問題です。まちがえやすいので、あわてないでやらせましょう。

【88ページの答え】（上のだんから）けた 教科書・数字 水玉もよう 道具 小鳥 玄米・米俵
（下のだんから）消毒・毒 首・首輪 幸・幸せ 使用・使 紙・紙皮 重刊・重

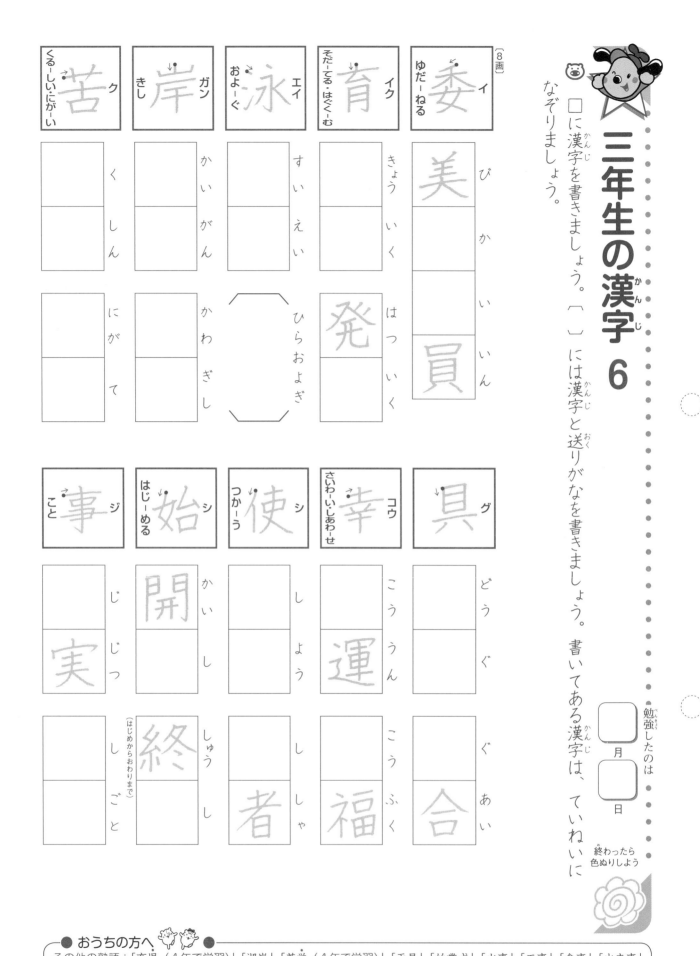

□に漢字を書きましょう。〔 〕には漢字と送りがなを書きましょう。書いてある漢字は、ていねいになぞりましょう。

勉強したのは

□ 月 □ 日

終わったら
色ぬりしよう

〔8画〕

委 イ
ゆだ－ねる

育 イク
そだ－てる・はぐく－む

泳 エイ
およ－ぐ

岸 ガン
きし

苦 ク
くる－しい・にが－い

び か い いん

きょう いく

すい えい

かい がん

く しん

はつ いく

ひら およぎ

かわ ぎし

にがて

具 グ

幸 コウ
さいわ－い・しあわ－せ

使 シ
つか－う

始 シ
はじ－める

事 ジ
こと

どう ぐ

こう うん

しょう

かい し

じ じつ

ぐ あい

こう ふく

し しゃ

しゅう し

じ ごと
（はじめからおわりまで）

●おうちの方へ

その他の熟語：「育児（４年で学習）」「湖岸」「苦労（４年で学習）」「雨具」「始業式」「火事」「工事」「食事」「出来事」など。「幸」の字形は「幸」にならないように。また、「幸（しあわ）せ」は送りがなに注意（「幸わせ」は×）。「幸い」は「さいわい」と読めるよう、送りがなを見て判断しましょう。このページは、8画の漢字です。

【87ページの答え】①116 ②587 ③136 ④244 ⑤369 ⑥29 ⑦13 ⑧16 ⑨7 ⑩9

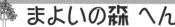

森の中に、何かがかくれているぞ。かけ算の答えの一のくらいが、0、2、4、6、8になるところに黒く色をぬって、すがたをうかび上がらせよう。

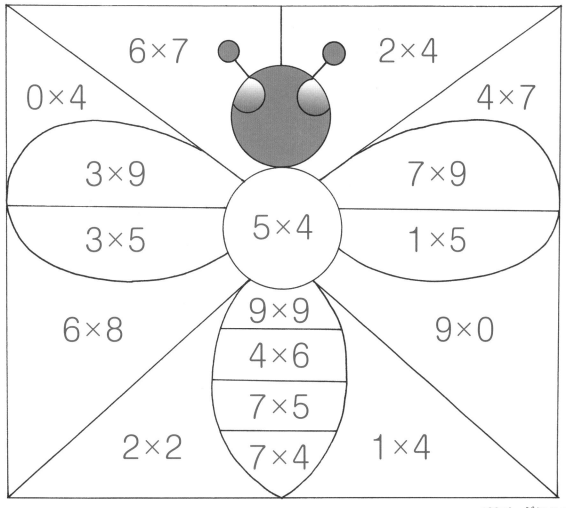

103ページにつづく。

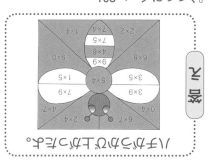

おまけ

● なぞなぞです。□に答えを書きましょう（①②は漢字（かんじ）で）。

① とればとるほど、ふえていくもの、なあに？

② 暗（くら）いと見える、空に大きくさく花、なあに？

③ 目をつぶっているのに見えるもの、なあに？

④ 雨がふると、ほねをのばしてよろこぶもの、なあに？

⑤ 一つの入り口を入ると、五つの部屋（へや）に分かれているもの、なあに？

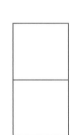

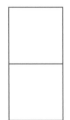

こたえ
① 書く
② 花火
③ ゆめ
④ かさ
⑤ 手ぶくろ

90

ひき算 6

勉強したのは

◯ 月 ◯ 日

終わったら色ぬりしよう

🐻 次のひき算をしましょう。

①
```
   4 9 8 3
 -   8 5 1
```

②
```
   5 4 7 8
 - 3 1 6 5
```

③
```
   5 2 6 3
 - 2 7 4 8
```

④
```
   5 5 4 2
 - 3 7 2 6
```

⑤
```
   8 6 4 5
 - 4 3 8 6
```

⑥
```
   7 3 3 8
 - 2 1 8 9
```

⑦
```
   4 3 0 5
 - 1 5 4 9
```

⑧
```
   6 0 2 4
 - 2 5 4 7
```

⑨
```
   4 5 9 7
 - 3 7 9 9
```

⑩
```
   5 6 4 0
 - 4 8 5 1
```

● おうちの方へ

位が大きくても、①②のようにくり下がりがなければ、一の位から順に計算すれば簡単です。③からはくり下がりがあります。⑨⑩は、答えに千の位がなくなります。一番大きな位には「0」は書きません。

勉強したのは

☐ 月 ☐ 日

終わったら
色ぬりしよう

□に漢字を書きましょう。（　）には漢字と送りがなを書きましょう。書いてある漢字は、ていねいになぞりましょう。

実 ジツ・み・みのーる 〔八画〕

者 シャ もの

取 シュ とーる

受 ジュ うーける

所 ショ ところ

真 しんじつ

さくしゃ

しゅざい（4年）

じゅけん（4年）

ばしょ

じっこう

なにもの

くさと

うける

だいどころ

り

注 チュウ そそーぐ

定 テイ・ジョウ さだーめる

波 ハ なみ

板 ハン・バン いた

表 ヒョウ おもて・あらわーす

ちゅうい

ていいん

でんぱ

こくばん

ひょうし

そそーぐ

さだめる

おおなみ

いたま（ゆかが板のへや）

あらわす

の

● おうちの方へ
字形の注意→「実」（「夫×」「春」と混同しないこと）、「取」（ヌ×）。その他の熟語→「実話」「使者」「受話器」（4年生で学習）「長所」「注目」「注文」「一定」「定規」（5年生で学習）「案内板」（4年生で学習）「発表」「表面」など。「表す」の送りがなは「ひょうーす」と覚えておくと便利です。

あまりのあるわり算 1

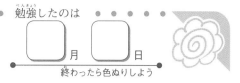

イチゴが14こあります。4人で同じ数ずつ分けることにしました。1人分は何こで、何こあまるでしょう。

① 計算の式を書きましょう。

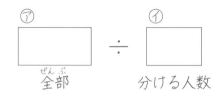

⑦ 全部（ぜんぶ） ÷ ⑦ 分ける人数

② 1さらに1こずつおきました。

③ まだ分けられそうです。もう1こずつおきました。

④ まだ分けられそうです。もう1こずつおきました。

⑤ 1人に3こずつ分けると、のこりが2こなので、もう4人に同じ数ずつ分けることができません。
このことを、次（つぎ）のように書きます。

14÷4＝3あまり2

答え　1人分3こで2こあまる

> わり算であまりがあるときは「**わり切れない**」といい、あまりがない
> ときは「**わり切れる**」といいます。

● おうちの方へ

あまりがあるわり算になると、計算は急にむずかしくなります。ゆっくり考えさせましょう。実際におはじきなどを動かしながら分けてみましょう。

【94ページの答え】〔上のだんから〕座・眼用・枕・坂・投手・手・係り・係り・損得・太陽
〔下のだんから〕坂・命中 石炭・温度 和室・平和 屋上・屋根 油絵

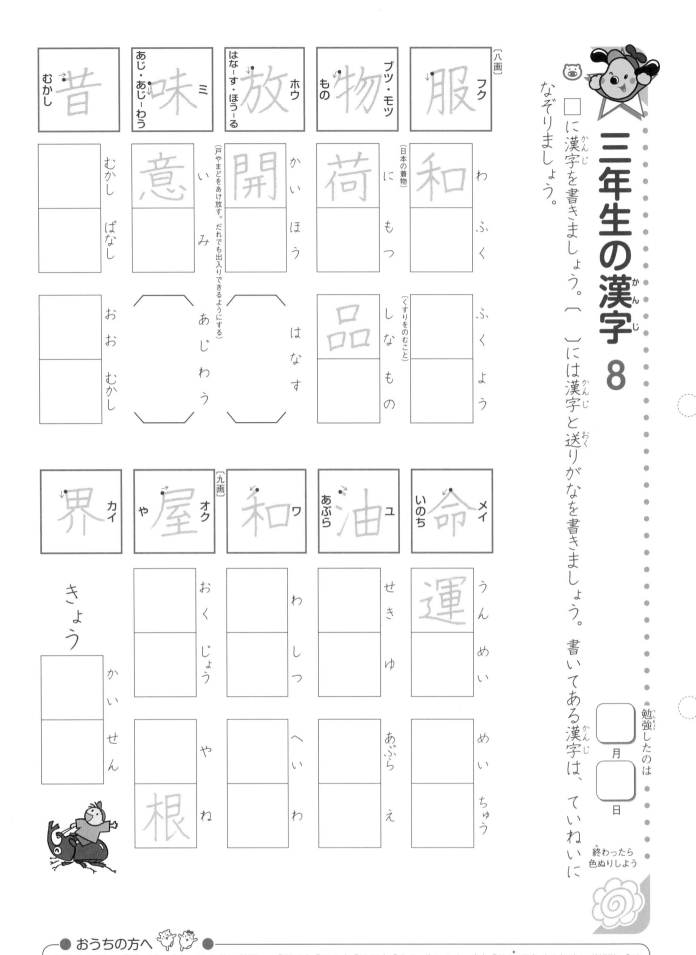

□に漢字を書きましょう。（ ）には漢字と送りがなを書きましょう。書いてある漢字は、ていねいになぞりましょう。

勉強したのは □月 □日

終わったら色ぬりしよう

〔八画〕

服 フク
和 わふく
和 ふくよう

物 ブツ・モツ もの
荷 にもつ（日本の着物）
品 しなもの（くすりをのむこと）

放 ホウ はなーす・ほうーる
開 かいほう（戸やまどをあけ放す。だれでも出入りできるようにする）
はなす

味 あじ・あじーわう ミ
意 いみ
あじわう（ ）

昔 むかし
むかし ばなし
おお むかし

〔九画〕

命 メイ いのち
運 うんめい
めいちゅう

油 ユ あぶら
せきゆ
あぶらえ

和 ワ
わしつ
へいわ

屋 オク や
おくじょう
やね（根）

界 カイ
きょう
かいせん

● おうちの方へ ●
字形の注意→「服（皮✕）」。その他の熟語→「洋服」「動物」「物語」「作物（さくもつ）」「放課後」（4年生で学習）「風味」「生命」「使命」「油断」（5年生で学習）「和紙」「屋内」「銀世界（雪げしき）」など。練習には重要な熟語を出してありますので、意味がわからないときにはすぐ辞書を引くようにさせるとぐんぐん力がつきます。

〔93ページの答え〕14 ①⑦14 ②⑦

あまりのあるわり算 2

勉強したのは
◯月 ◯日
終わったら色ぬりしよう

1. ビスケットが17こあります。5まいのさらに同じ数だけ入れます。1まいのさらに何こずつ入り、何こあまるでしょう。

① 計算の式を書きましょう。

式

② 5のだんを使って考えましょう。

$5 \times 1 = 5$

$5 \times 2 = 10$

$5 \times 3 = 15 \cdots 17$に近い

◯17◯

$5 \times 4 = 20 \cdots$多い

☐ ÷ ☐ = ☐ あまり ☐

答え 1さらに（　　　）こで（　　　）こあまる

2. ☐の中を見て、あまりについて考えましょう。

$12 \div 4 = 3$

$13 \div 4 = 3$あまり1

$14 \div 4 = 3$あまり2

$15 \div 4 = 3$あまり3

$16 \div 4 = 4$

$17 \div 4 = 4$あまり1

わる数

わられる数

① わられる数を1ずつふやすとあまりはいくつずつふえていますか。

（　　　　　　）

② 4でわるとき、あまりで一番大きい数はいくつですか。

（　　　　　　）

あまりは、わる数より大きくなりません。

● おうちの方へ ●

あまりについての学習です。93ページは物で考えましたが、このページは数で考えます。

（下のだんから）答え　重・大事　持持・所持　運用・活用　使い道

（上のだんから）業業・漁漁　漢字・登用　運行・送信　港口・湖水　当人・当方　【96ページの答え】

なぞりましょう。

□に漢字を書きましょう。（　）には漢字と送りがなを書きましょう。書いてある漢字は、ていねいに

勉強したのは　　月　　日

終わったら色ぬりしよう

県〔ケン〕

係〔ケイ〕かかり・かかーる

急〔キュウ〕いそーぐ

級〔キュウ〕

客〔キャク〕〔九画〕

｜ けん りつ

｜ かんけい〔4年〕関

｜ きゅうこう

｜ いっきゅう

｜ らいきゃく

｜ けんめい（県のなまえ）

（主語に）かかる〔しゅご〕

（クラスのともだち）きゅうよう

｜ きゃくゆう

｜ きゃくせき〔4年〕席

拾〔ひろーう〕

重〔ジュウ・チョウ〕おもーい・かさーねる

持〔ジ〕もーつ

指〔シ〕ゆび・さーす

研〔ケン〕

｜ じゅうだい

｜ じびょう病

｜ しめい

｜ けんきゅう

ひろいもの

けいちょう（かるいとおもい）軽

しょじ（もっていること）

おやゆび

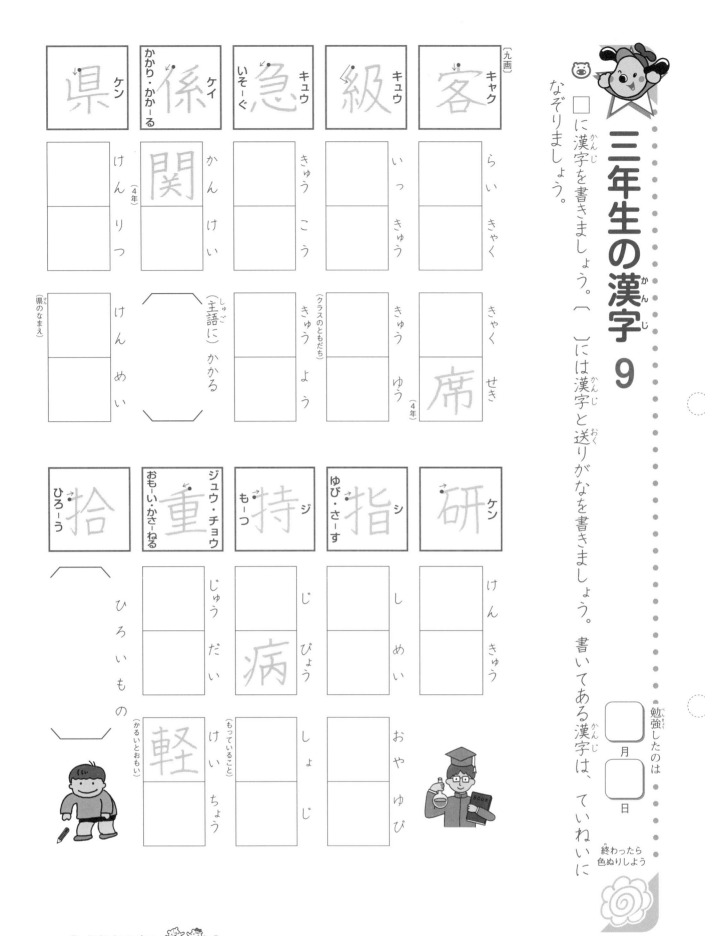

おうちの方へ
字形の注意→「係」の「幺」も「指」の「匕」もどちらも右上から「ノ」です（幺×ヒ×）。「係（かか）る」は動詞のときの読み方で、名詞のときは「係（かかり）」と読みます。その他の熟語→「客人」「学級」「高級」「急流」「都道府県」（4年生で学習）「県道」「指定」「指導」（5年）「持参」（4年）「体重」「重点」など。日本は一都一道二府四十三県です。

【95ページの答え】1. ①17÷5 ②17÷5＝3あまり2 3こずつ2人あまり2 2. ①1 ②3

1. きゅうりが23本あります。3本ずつパックにつめます。何パックできて、何本あまるでしょう。

① 計算の式を書きましょう。

式

② きゅうりを3本ずつパックに入れましょう。パックはいくつできましたか。

(　　　　)

③ あまりは何本ですか。

(　　　　)

④ 式と答えを書きましょう。

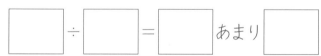

☐ ÷ ☐ = ☐ あまり ☐

答え ☐ パックとあまり ☐ 本

2. 次の計算をしましょう（あまりを「…」としています）。

① 24÷5 = ☐ … ☐　　② 33÷4 = ☐ … ☐

● おうちの方へ ●

答えが「◯パックと□本」というように2つの数詞が出てきます。これをむずかしいと感じる子がいます。実際に物を分けていくとわかります。あまりの記号「…」を使っていない教科書もあります。

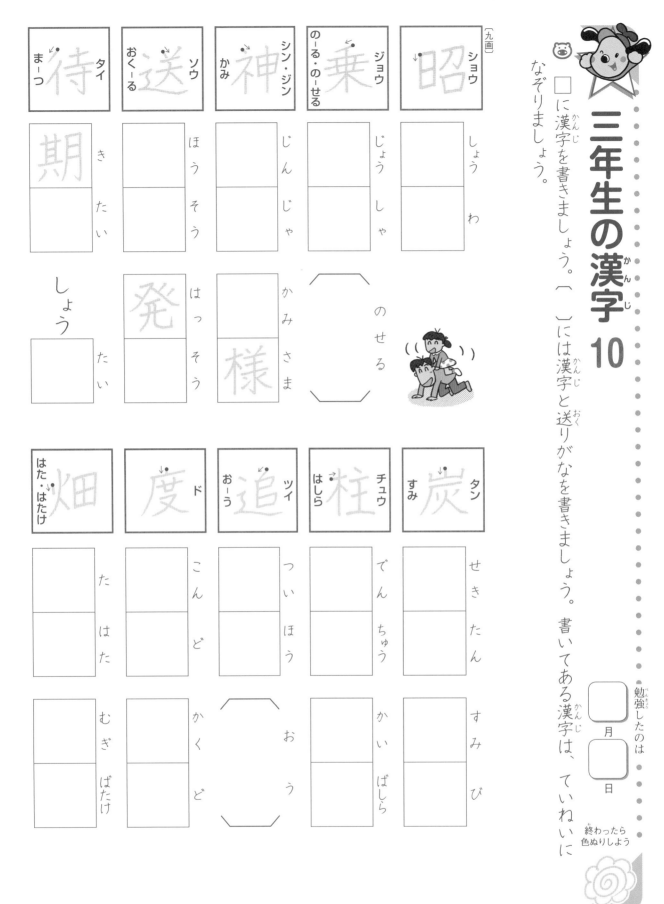

三年生の漢字 10

□に漢字を書きましょう。（　）には漢字と送りがなを書きましょう。書いてある漢字は、ていねいになぞりましょう。

勉強したのは □月 □日

終わったら色ぬりしよう

ショウ 〔九画〕 昭	のーる・のーせる 乗	シン・ジン かみ 神	おくーる ソウ 送	まーつ タイ 待
しょう わ	じょう しゃ	じん じゃ	ほう そう	き たい 期
	かみ さま 様	（　のせる　）	はっ そう 発	しょう たい

タン すみ 炭	はしら チュウ 柱	おーう ツイ 追	ド 度	はた・はたけ 畑
せき たん	でん ちゅう	つい ほう	こん ど	た はた
すみ び	かい ばしら	（　おう　）	かく ど	むぎ ばたけ

● おうちの方へ
字形の注意→「乗」（まん中が長い）「送」（6画目は止める）。書き順注意→「乗」　その他の熟語→「乗客」「神話」「送料」（4年生で学習）「待機」（4年生で学習）「木炭」「円柱」「柱時計」「追究」「温度」「畑作（はたさく）」「畑仕事」など。

98

【97ページの答え】 1. ①23÷3 ②7パック ③2本 ④23÷3＝7あまり2 7パックできて2本あまり2本
2. ①4…4 ②8…1

あまりのあるわり算 4

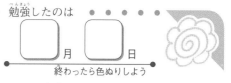

1. 20まいのカードを1人に6まいずつ配ります。何人に配れて、何まいあまるでしょう。答えをたしかめましょう。

① 式と答えを書きましょう。

式

答え _____

② □に数を入れて、答えが合っているかをたしかめましょう。

（※たしかめ算の答え①と、はじめの式の⑦が同じだとはじめの式の答えが合っています。）

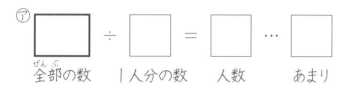

⑦ □ ÷ □ = □ … □

全部の数　　1人分の数　　人数　　あまり

たしかめ算 □ × □ + □ = ① □

1人分の数　　人数　　あまり　　全部の数

2. 次の計算をして、答えをたしかめましょう。

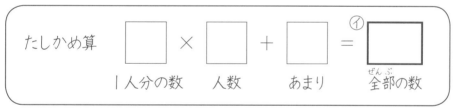

① 15÷2＝
たしかめ算
□ × □ + □ = □

② 13÷2＝
たしかめ算
□ × □ + □ = □

③ 14÷3＝
たしかめ算

④ 19÷6＝
たしかめ算

● おうちの方へ ●

たしかめ算をいやがる子が結構います。たしかめ算の順をきちんと覚えれば、いやがらずにできるでしょう。

【100ページの答え】（上のだんから）部首・画数　美人・美しい　一様・様　係員・名　見る・見方
（下のだんから）根気・根　深海・深海　相手・相　勉強・勉　商店・商人・人店

勉強したのは

□ 月 □ 日

終わったら色ぬりしよう

□に漢字を書きましょう。（ ）には漢字と送りがなを書きましょう。書いてある漢字は、ていねいになぞりましょう。

発 ハツ 〔九画〕

美 ビ うつく-しい

秒 ビョウ

品 ヒン しな

負 フ まーける・おーう

はつ げん

びじん

いち びょう

しょう ひん

勝 しょう ぶ

はっ けん

（うつくしい）

びょう そく 速

（しなもの）

商 しょう

（まける）

面 メン

洋 ヨウ

相 ソウ あい

員 イン 〔十画〕

院 イン

じ めん

よう ふく

そう だん 談

かい いん

病 びょう いん

ば めん

よう しょく

あい て

ぜん いん

にゅう いん

● おうちの方へ
書き順と覚え方→「発」は「⌒（フにチョンつけて）⌒（右にチョン）⌒（右にはらって）⌒（チョンを書き）⌒（横棒2本で）発（ひとあしつける）」とすると覚えやすいです。その他の熟語→「発表」「発音」「作品」「正面」「平面」「太平洋」「真相」「定員」など。

【99ページの答え】
1. ①20÷6＝3…2 ②20÷6÷3…2 てんびの算 6×3＋2＝20
2. ①7…1 ②6…1 2×6＋1＝15 2×7＋1＝15 ③4…1 3×4＋2＝14 ④3…1 6×3＋1＝19
3人に配されて2まいあまる

あまりのあるわり算 5

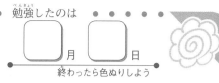

1. 3年1組は26人です。体育館で3人ずつの長いすにすわります。長いすは何こいるでしょう。

式

あまった子どもをどうするか考えよう。

答え _____ こ

2. 3年2組は27人です。理科室のつくえに4人ずつすわります。つくえを何こ使うでしょう。

式

答え _____

3. ボールが18こあります。1つのたなにはボールを5こずつならべられます。全部のボールをならべるには、たなを何だん使うでしょう。

式

答え _____

● おうちの方へ ●

あまりをどう処理するかを考える問題です。このページは、あまりで、もう1つの物を使う問題を出しています。いすも机も正式には「脚」ですが、ここでは「こ」にしています。

【102ページの答え】

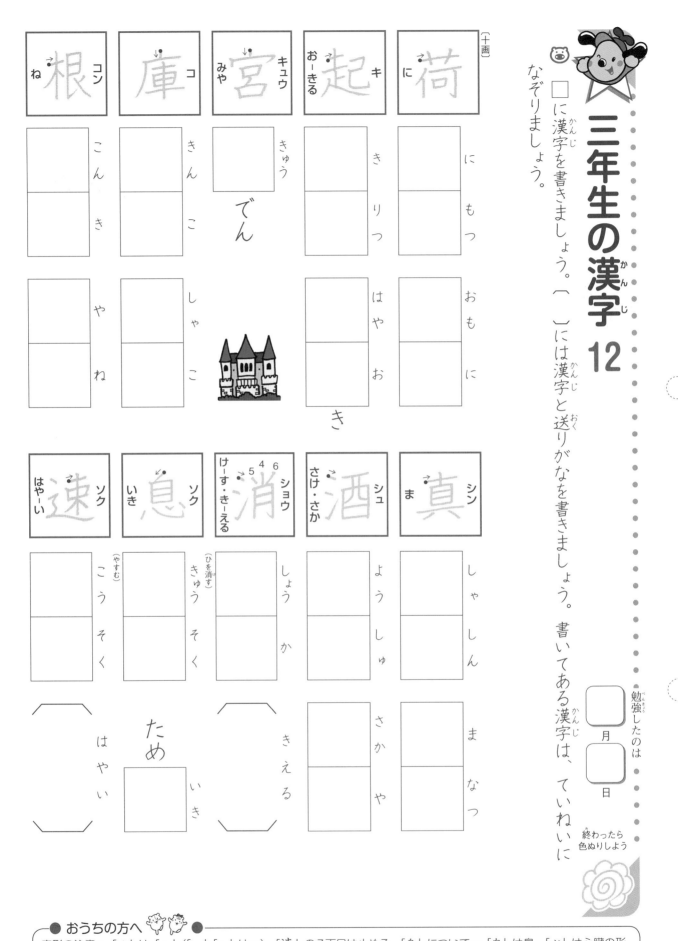

□に漢字を書きましょう。（　）には漢字と送りがなを書きましょう。書いてある漢字は、ていねいになぞりましょう。

勉強したのは

□月　□日

終わったら色ぬりしよう

根 コン ね
こんき
こんやね

庫 コ
きんこ
しゃこ

宮 キュウ みや
きゅうでん

起 キ おーきる
きりつ
はやおき

荷 に 〔十画〕
にもつ
おもに

速 ソク はやーい
こうそく
（はやい）

息 ソク いき
（やすむ）きゅうそく
ため（いき）

消 ショウ けーす・きーえる 〔5 4 6〕
しょうか
（ひを消す）きえる

酒 シュ さけ・さか
ようしゅ
さかや

真 シン ま
しゃしん
まなつ

● おうちの方へ
字形の注意→「消」は「⺌」（「⺍」「⺌」は✕）。「速」の7画目は止める。「息」について→「自」は鼻、「心」は心臓の形。
人の心臓の状態は呼吸に表れ、穏やかなときは鼻で息をすることから「安らかな呼吸」の意味を表します。その他の熟語→
「荷造り」（5年生で学習）「文庫」「球根」「大根」「真実」「真心（まごころ）」「飲酒」「消化」「消毒」（4年）「息切れ」「速度」。

【101ページの答え】1. 26÷3=8…2　9こ　2. 27÷4=6…3　7こ　3. 18÷5=3…3　4ふん

おだんご早食い大会だ！　だれが一番短い時間で食べられるかな？

① アオムシ

1分5秒で半分食べた。

のこりは 1分27秒で食べ終わったよ。

② バッタ

ここまで92秒かかった。

のこりは59秒で食べ終わったよ。

③ リオ

12時3分15秒から食べ始めて 12時6分1秒に食べ終わったよ。

117ページにつづく。

一番短い時間で食べたのは（　　　　　　　　　　）

答え　②バッタ

● 昔（むかし）からつたわる早口ことばです。早くはっきり言える

るかな？　練習（れんしゅう）してみましょう。

① なまむぎ　なまごめ　なまたまご

② となりの　客（きゃく）は　よく　かきくう　客（きゃく）だ

③ にわとりが　うら庭（にわ）には二羽（にわ）、前庭（まえにわ）には二羽（にわ）

④ かえるぴょこぴょこ
　三（み）ぴょこぴょこ
　合わせてぴょこぴょこ
　六（む）ぴょこぴょこ

うまく
言えたかな。

あまりのあるわり算 6

1. リンゴが25こあります。3こずつパックにつめて売ります。パックは何こできるでしょう。

式

あまった
リンゴを
どうするか
考えよう。

答え _____

2. ミカンが60こあります。7こずつあみのふくろに入れて売ります。何ふくろできるでしょう。

式

答え _____

3. 3年1組には6つのグループがあります。40まいの色紙をどのグループにも同じまい数ずつ配ります。1つのグループに何まい配ればよいでしょう。

式

答え _____

● おうちの方へ ●

あまりを捨ててしまう問題です。問題文をよく読んで、あまりをどうしたらよいか考えさせましょう。

【106ページの答え】（上のだんの左から）家族・始末 水筒・消す 集中・流す 発行（5れつ目から）物語 注意・送る 薬行・族行・筆箱・様
（下のだん左から）教育 流行・流す 集行・終行 重点・重口・運ぶ 鼻緒・緒

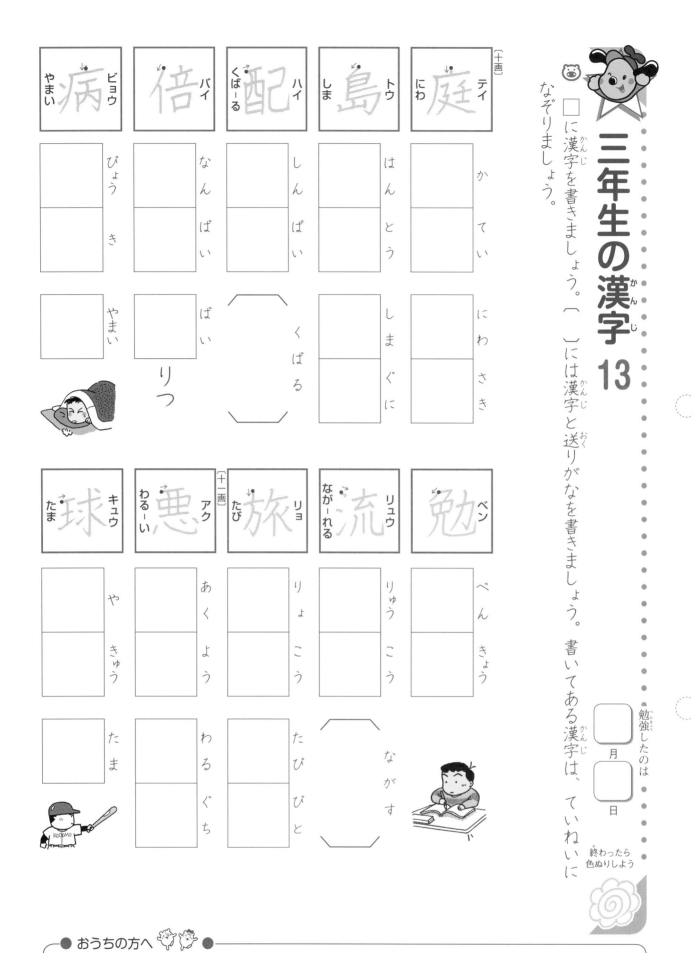

三年生の漢字 13

□に漢字を書きましょう。（ ）には漢字と送りがなを書きましょう。書いてある漢字は、ていねいになぞりましょう。

勉強したのは　　□ 月　□ 日

終わったら色ぬりしよう

〔十画〕

病 ビョウ／やまい

倍 バイ

配 ハイ／くばーる

島 トウ／しま

庭 テイ／にわ

びょう き

やまい

なんばい

ばい りつ

しんぱい

（くばる）

はんとう

しまぐに

か てい

にわさき

〔十一画〕

球 キュウ／たま

悪 アク／わるーい

旅 リョ／たび

流 リュウ／ながーれる

勉 ベン

や きゅう

たま

あくよう

わるぐち

りょこう

たびびと

りゅうこう

（ながす）

べんきょう

● おうちの方へ

字形の注意→「庭」の「壬」は「壬×」、「流」の「㐬」は「ル×」、「旅」の「𭕄」では、10画目は書き始めに注意し、最後ははらいます。「球」は右はらいです（求×）。「病」（やまい）、「球」（たま）はいずれも子どもたちはあまり使わない読み方です。その他の熟語→「中庭」「校庭」「分配」「病院」「病人」「勉学」「下流」「旅先」「旅館」「投球」など。

(106)

【105ページの答え】 1. 25÷3＝8…1　8｜2　8じくぶ　4. 2. 60÷7＝8…4　3. 40÷6＝6…4　6まい

あまりのあるわり算 7

○月 ○日

終わったら色ぬりしよう

🐻 次の計算をしましょう。

① 15÷2 = ……

② 13÷3 = ……

③ 7÷2 = ……

④ 9÷4 = ……

⑤ 19÷3 = ……

⑥ 29÷4 = ……

⑦ 11÷2 = ……

⑧ 9÷5 = ……

⑨ 15÷4 = ……

⑩ 13÷5 = ……

⑪ 17÷4 = ……

⑫ 18÷5 = ……

⑬ 8÷3 = ……

⑭ 34÷5 = ……

⑮ 23÷4 = ……

● おうちの方へ ●

横式でたくさんのあまりのある問題をするのは初めてなので、わる数の小さい問題を出しました。

【こたえのページ】 ①柿・持・時 ②題・絵・暗 ③湯・洋・薬 ④真・葉・実 ⑤想・役・球 ⑥園・運・開

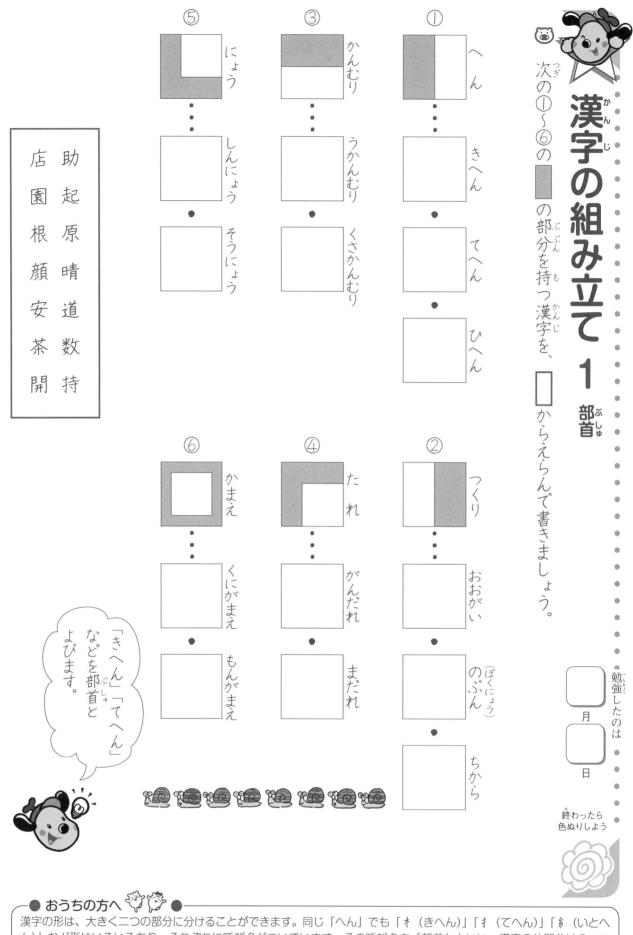

漢字の組み立て 1 部首

次の①〜⑥の ▨ の部分を持つ漢字を、□ からえらんで書きましょう。

勉強したのは
□ 月 □ 日

終わったら
色ぬりしよう

① へん … きへん ・ てへん ・ ひへん

③ かんむり … うかんむり ・ くさかんむり

⑤ にょう … しんにょう ・ そうにょう

② つくり … おおがい ・ （ぼくにょう）のぶん ・ ちから

④ たれ … がんだれ ・ まだれ

⑥ かまえ … くにがまえ ・ もんがまえ

助 起 原 晴 道 数 持
店 園 根 顔 安 茶 開

「き〈へん〉」「て〈へん〉」などを部首とよびます。

【107ページの答え】
④…1 ⑧…1 ⑤…1 ⑦…1 ⑥…1 ⑤…1 ④…2 ③…1 ②…4 ①…7
3…⑤ 4…⑭ 6…⑥ 2…⑬ 3…⑫ 1…⑪ 4…⑩ 3…⑨
3…⑮ 4…⑯ 2…⑫ 6…⑭ 1…⑬

あまりのあるわり算 8

🐻 次の計算をしましょう。

① $27 \div 5 =$ …

② $17 \div 7 =$ …

③ $49 \div 8 =$ …

④ $58 \div 6 =$ …

⑤ $38 \div 9 =$ …

⑥ $24 \div 7 =$ …

⑦ $46 \div 9 =$ …

⑧ $38 \div 5 =$ …

⑨ $36 \div 8 =$ …

⑩ $37 \div 9 =$ …

⑪ $45 \div 6 =$ …

⑫ $44 \div 7 =$ …

⑬ $58 \div 8 =$ …

⑭ $34 \div 6 =$ …

⑮ $38 \div 7 =$ …

● おうちの方へ ●

わる数が大きい問題を中心に出題しました。107ページより時間がかかるかもしれませんが、あわてずにやらせましょう。

【答え】⑤4あまり2 ④9あまり4 ③6あまり1 ②2あまり3 ①5あまり2
⑩4あまり1 ⑨4あまり4 ⑧7あまり3 ⑦5あまり1 ⑥3あまり3
⑮5あまり3 ⑭5あまり4 ⑬7あまり2 ⑫6あまり2 ⑪7あまり3
[110ページの答え]

漢字の組み立て 2 部首

次の漢字の同じ部分（部首）を□に書き出し、名前を（　）に書きましょう。また、その部分はどんなこととかん係がありますか。□からえらんで、□に記号を書きましょう。

〈れい〉 明・暗 → [日] （ ひへん ） [オ]

① 体・作 → [　] ⌣ [　]

② 草・花 → [　] ⌣ [　]

③ 地・場 → [　] ⌣ [　]

④ 海・泳 → [　] ⌣ [　]

⑤ 進・通 → [　] ⌣ [　]

⑥ 語・読 → [　] ⌣ [　]

ア 水
イ ことば
ウ 人
エ くさ
オ お日さま
カ 土
キ 道を行く

● おうちの方へ ●

部首から、その漢字が何に関係があるのかがわかり、漢字の意味を知る手がかりになります。本誌に掲載した部首は覚えておくと、漢字も覚えやすくなります。

円と球 1

一つの点から、同じ長さになるように線を引いてできた形を**円**といいます。
　円のまん中の点を**円の中心**といいます。円の中心から円のまわりまでを**半径**といいます。半径は何本でもあります。

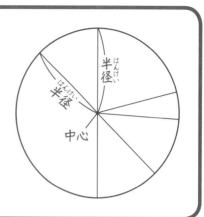

　円のまわりから、円の中心を通り、反対がわの円のまわりまで引いた直線を **直径** といいます。
　直径の長さは、半径の2倍です。

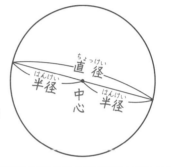

🐻 （　）に当てはまる数や言葉を書きましょう。

① 半径5cmの円の直径は（　　　　　）cmです。

② 直径8cmの円の半径は（　　　　　）cmです。

③ 半径3cmの円の（　　　　　）は6cmです。

④ 直径12cmの円の（　　　　　）は6cmです。

⑤ 直径は（　　　　　）の2倍の長さです。

● おうちの方へ ●

1年生のときは、「まる」と言っていましたが、3年生では上のように円の定義を学習し、円の中心、半径、直径と普段使わない用語も覚えます。特に、「半径は直径の半分」と覚えるといいでしょう。

【112ページの答え】 ①家・宿・客・寒・室 ②車・転・送・運 ③園・図・国 ④童・題・登・等・着 ⑤緑・終・級・練

次の部分を持つ漢字を書き、言葉をかんせいさせましょう。書いてある漢字は、ていねいになぞりましょう。

勉強したのは

□月　□日

終わったら
色ぬりしよう

① 宀（うかんむり）…

寒い　さむ

家　いえ

客室　きゃくしつ

安てい　あんてい

② 广（まだれ）…

車　こ

広い　ひろ

にわ

温　おんど

③ 口（くにがまえ）…

動物　えん

と　こく

書　書

語　語

④ 心（こころ）…

悪い　あくい

意　意

おも

はないと

いそ

ぐ　いき

わる気

⑤ 糸（いとへん）…

友　きゅうゆう

の　え

クラスの友だち

ほそ

い　せん

【111ページの答え】 ①10 ②4 ③直径 ④半径 ⑤半径

コンパスの使い方

半径5cmの円のかき方

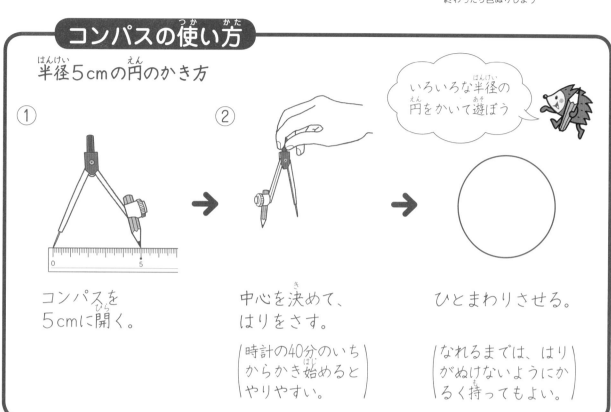

いろいろな半径の円をかいて遊ぼう

① コンパスを5cmに開く。

→

② 中心を決めて、はりをさす。

（時計の40分のいちからかき始めるとやりやすい。）

→

ひとまわりさせる。

（なれるまでは、はりがぬけないようにかるく持ってもよい。）

下の円の中心に、コンパスのはりをさして、半径4cmの円をかきましょう。

. 円の中心

● おうちの方へ

円をかくときには、時計の40分を指す位置から始めるとかきやすいです。円をきちんとかくのは、むずかしいですが、何度も練習させましょう。

【114ページの答え】① 半けい ② 直けい ③ 2ばい ④ 4ばい ⑤ 2つけ分 ⑥ 半ぶんにする ⑦ 長いじゅん ⑧ 直けい

組み合わせた言葉 1

勉強したのは

月 □ 日 □

終わったら
色ぬりしよう

次の二つの言葉を組み合わせて、一つの言葉を作りましょう（ひらがなで書いてある部分は、ひらがなのまま書き直しましょう）。

〈れい〉 動く ＋ 回る → 動き回る

① 虫 ＋ とる

↓

②　買う ＋ 物

↓

③ あめ ＋ くも

↓

④　かぜ ＋ くるま

↓

⑤ とぶ ＋ はねる

↓

⑥　歩く ＋ つかれる

↓

⑦ 流れる ＋ 星

↓

⑧　重ねる ＋ 着る

↓

● おうちの方へ
二つ以上の言葉が組み合わさってできた別の言葉を複合語といいます。複合語になったときに、一字省略されたり、形が変わったり、濁音化したり、品詞が変わったりすることに気をつけさせましょう。③④はすでに習った漢字ですが、他の語と組み合わせることで読み方が変化することを学習するために、ひらがなで書かせましょう。

114

円と球 3

勉強したのは

　　月　　日

終わったら色ぬりしよう

1. 下の直線を、左はしから3cmずつ区切りましょう。
　　コンパスを使って、しるしをつけます。

2. コンパスを使って、次の円をかきましょう。
　　① 直径4cmの円　　　　② 直径6cmの円
　　※半径は（　　）cm　　　※半径は（　　）cm

3. ・を中心にして、半径3cmの円をかきましょう。

● おうちの方へ ●

正確に円をかくためには、コンパスがきちんと使えなければなりません。円のかき始めにかき終わりがぴったり着かないときは、コンパスのねじがしっかりしているか、見てやってください。

【116ページの答え】① 筆・はたけ ② う・のぼる ③ す・つない ④ 運ぶ・うごく ⑤ くらい・ここばした ⑥ 最・さける ⑦ かしい・ういら ⑧ よる・からいき ⑨ よく・われる

勉強したのは

月 ☐ 日 ☐

終わったら色ぬりしよう

次の言葉を二つに分けて、元の言葉を書きましょう（ひらがなで書いてある部分は、ひらがなのまま書き直しましょう）。

① 麦ばたけ　→（　）＋（　）

② 山のぼり　→（　）＋（　）

③ 力づよい　→（　）＋（　）

④ 通りすぎる　→（　）＋（　）

⑤ わらいころげる　→（　）＋（　）

⑥ 雪どけ　→（　）＋（　）

⑦ ずるがしこい　→（　）＋（　）

⑧ よあけ（夜明け）　→（　）＋（　）

【115ページの答え】2. ①米俵は（2）cm　米俵は（3）cm ②米俵しょうりゃく　米俵しょうりゃく　3. しょうりゃく

まいごふだが、かじられてしまった。かじられたところに入る数字を見つけて、まいごのお母さんをさがしてあげよう。

131ページにつづく。

● 漢字の計算です。□に合う漢字を書きましょう。

① 弓 + ｜ = ☐

② 木 + 主 = ☐

③ 口 × 3 = ☐

④ 太 − 、 = ☐

⑤ 理 − 王 = ☐

⑥ 横 − 木 = ☐

円と球 4

勉強したのは

◯ 月 ◯ 日

終わったら色ぬりしよう

🐻 どの方向から見ても円に見える形を、球といいます。

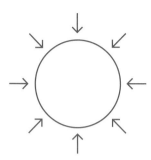

① 球の形をしたものを2つ書きましょう。

（ 　　　　　　　　 ）

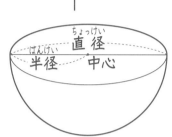

左の図は、球を半分に切ったものです。この切リ口の円の中心が**球の中心**で、同じように球の直径、球の半径があります。

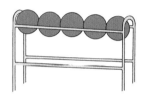

② 同じ大きさのボールが、たなに5つぴったりならんでいました。たなの横の長さは45cmです。ボール1この直径は何cmでしょう。

式

答え _____

③ 箱の中にボールがきちんと入っていました。箱の内がわの長さは14cmでした。ボールの直径は何cmでしょう。

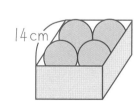

14cm

式

答え _____

● おうちの方へ ●

球を教科書やプリントなどの平面で表現するのはむずかしいので、ボールなどを見せて、球を理解させてください。球の直径・半径・中心はリンゴを半分に切って考えさせてもよいでしょう。

(119)

【120ページの答え】①①帽子 （※え）②間けつ ③鏡い ④重い ⑤輝く ⑥美しい
②①やぶる ②善悪 ③はく ④みとめる ⑤うすい ⑥美しい

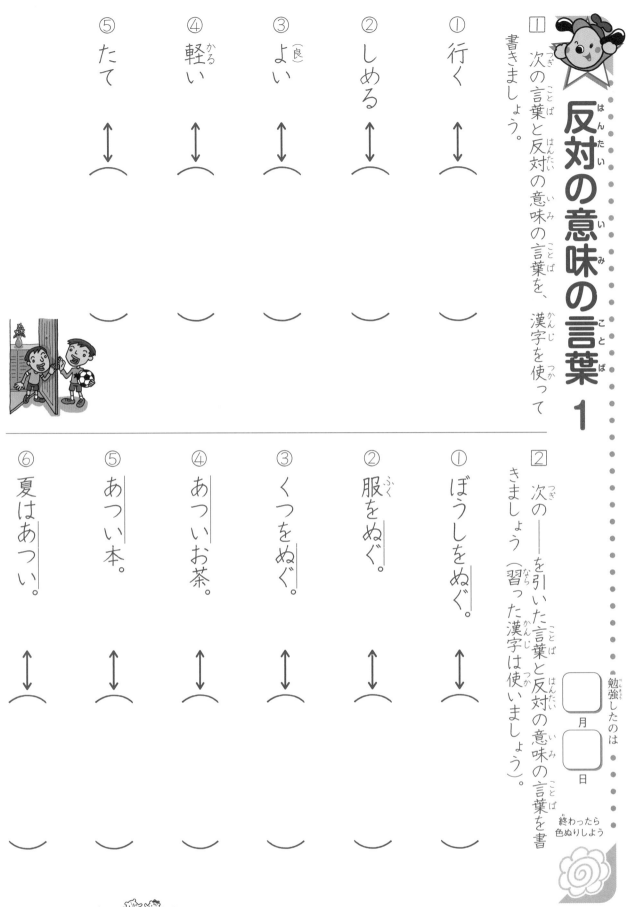

反対の意味の言葉 1

1 次の言葉と反対の意味の言葉を、漢字を使って書きましょう。

① 行く ↕（　）

② しめる ↕（　）

③ よい〔良〕 ↕（　）

④ 軽い〔かる〕 ↕（　）

⑤ たて ↕（　）

2 次の──を引いた言葉と反対の意味の言葉を書きましょう（習った漢字は使いましょう）。

① ぼうしをぬぐ。 ↕（　）

② 服をぬぐ。 ↕（　）

③ くつをぬぐ。 ↕（　）

④ あついお茶。 ↕（　）

⑤ あつい本。 ↕（　）

⑥ 夏はあつい。 ↕（　）

● おうちの方へ
1 「反対」を表す言葉は、動き（①②）、様子・性質（③④）、関係（⑤）などさまざまな場面であります。2④〜⑥のように、同じ読みにいくつかの意味があるものがあります。どの意味になるかは、前後の言葉で判断させましょう。④⑥は対極となる言葉を考えさせましょう。

表とグラフ 1

勉強したのは

月 日

終わったら色ぬりしよう

🐻 3年1組で、きゅう食に出るすきなくだものの調べをしました。くだものごとに、すきな人の人数をまとめましょう。

• 右の表に「正」の字を書いて、人数を調べましょう。

```
一  T  下  正  正  正
1  2  3  4  5  6
```

数えたカードには、✓のしるしをつけましょう。

メ ロ ン	正
イ チ ゴ	
ミ カ ン	
ブ ド ウ	
リ ン ゴ	
サクランボ	
バ ナ ナ	

● おうちの方へ

カードを数え落とさず、また二重に数えることなく整理するのは案外むずかしいものです。✓をつけながら順にやらせましょう。

[122ページの答え] ②筆・えんぴつ ③語・ちょうしょく ④耳・しょうじ ⑤県・おんど ⑥拾・だしょう ⑦時・かいわん ⑧学しょう・だいしょう ⑨列・たいかい ⑩具・ばいばい ⑪緑・しゅうし ⑫ま・なんぼく

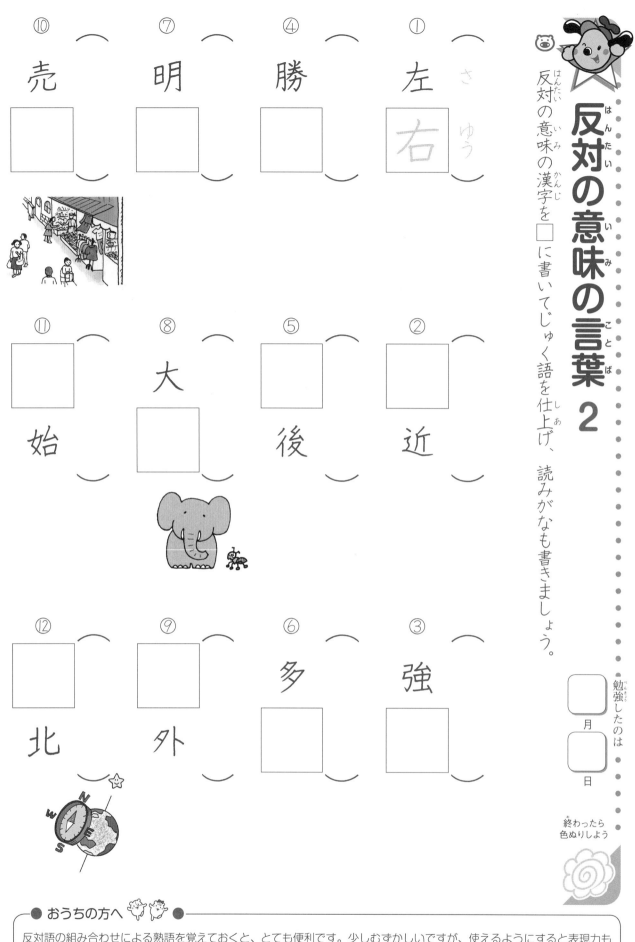

⑩（　）
売 □

⑦（　）
明 □

④（　）
勝 □

①（　）
左 右（さゆう）

⑪（　）
□ 始

⑧（　）
大 □

⑤（　）
□ 後

②（　）
□ 近

⑫（　）
□ 北

⑨（　）
□ 外

⑥（　）
□ 多

③（　）
□ 強

● おうちの方へ ●

反対語の組み合わせによる熟語を覚えておくと、とても便利です。少しむずかしいですが、使えるようにすると表現力も高まります。ほかにどんなものがあるか調べてみるのもよいですね。

表とグラフ 2

🐻 121のページの調べた人数を表にまとめましょう。

① 表には、表題をつけます。表題は、何と書いて
いますか。

（ す　　　　　　　　　　 ）

《すきなくだもの》

しゅるい	人数（人）
メロン	
イチゴ	
ブドウ	
ミカン	
その他	
合　計	

② 人数が少ないものは、まとめて「その他」にし
ました。「その他」のくだものは、何ですか。

（　　　　　　　　　　　　　　　　　　　　　　 ）

③ 上の表の人数のらんに数を書きましょう。

④ 表の一番下に「合計らん」を作ります。前のページのカードの数と合計が合
っていなかったら、はじめからやり直しましょう。

⑤ すきな人が一番多いくだものは、何ですか。

（　　　　　　　　　　 ）

● おうちの方へ ●
121ページで「正」の字を使った記録を数字に直します。合計欄は、全体が合っているかどうかを確かめる重要な手が
かりになります。

いろいろな意味を持つ言葉1

――を引いた漢字や言葉と、同じ意味で使われているものはどれでしょう。○をつけましょう。

勉強したのは

□ 月 □ 日

終わったら
色ぬりしよう

① 社長

⑦（　）身長

⑦（　）市長

⑦（　）長所

② 貯金

⑦（　）料金

⑦（　）黄金

⑦（　）金魚

③ 父の顔を見る。

⑦（　）ゆめをみる。

⑦（　）カレーの味をみる。

⑦（　）妹のめんどうをみる。

④ 足をいためる。

⑦（　）買いすぎて足が出た。

⑦（　）し合の足をひっぱる。

⑦（　）足をまげる。

● おうちの方へ

⑦～⑦は同じ言葉でもそれぞれ意味がちがいます。漢字でもいろいろな意味を持つものがあります。一つの言葉でいろいろな意味を持つものを「多義語」といいます。④のように、慣用句の中にも多義語が多くあります。③④のような多義語は、国語辞典で調べることができます。

④メロン ⑤しゅうかん

③メロン…9・イチゴ…6・ブドウ…7・ミカン…3・その他…6・合計…28

［123ページの答え］ ①つきかくだもの ②リンゴ、サクランボ、モモ、バナナ

(124)

表とグラフ 3

🐻 123ページの表を、グラフにしました。

① グラフの表題をグラフの上の（　）に
書きましょう。

（　　　　　　　　　　　　　　）

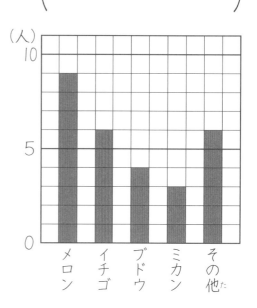

② たてじくは、人数を表すので、（人）
と書きます。
たてじくの1めもりは、何人を表して
いますか。

（　　　　　　　　）

③ 横じくには、何を書いていますか。

（　　　　　　　　　　　　）

上のグラフを**ぼうグラフ**といいます。ぼうグラフは、
ふつう大きいものじゅんに左からならべます。その他は
一番右にします。
日、月、火、…、1年、2年、3年、…など、じゅん
が決まっているものは、そのじゅんにならべます。
グラフに表すと、多い・少ないがひと目でわかります。

● おうちの方へ 🐶🐱 ●
表やグラフには、作文と同じように題（表題）を必ず書きます。グラフは、ひと目で多い・少ないがよくわかるという良
さがあります。

【答え】[126ページ] ①ア ①イ ②ウ ②エ ①オ ②ア ②イ ①ウ ②エ ②オ

いろいろな意味を持つ言葉 2

——を引いた言葉は、どんな意味で使われていますか。合うものを——でつなぎましょう。

①

ア　日が長くなる。

イ　日がのぼる。

ウ　日を決める。

エ　日があさい。

あ　太陽がのぼってくる（日の出）。

い　昼間の時間が長くなる。

う　あまり日がたってない。

え　予定の日を決める。

②

ア　なべを火にかける。

イ　かべに絵をかける。

ウ　ふとんをかける。

エ　妹のことを気にかける。

あ　ぶら下げる。

い　かぶせる。

う　心配する。

え　（上に）乗せてたく。

● おうちの方へ ●
「多義語」は国語辞典にたくさんあります。頻繁に国語辞典を引くと、学習に広がりが出て、楽しい学習になります。ほかにも、「つける」「とまる」「上げる」「当たる」などたくさんあります。それぞれの言葉の使い分けができるようになると、文章の理解力も高まりますよ。

[125ページの答え]　①ツキ×ツキモノ　②イア　③しるい（ともの）、すなくとものがたり

表とグラフ 4

🐻 下のぼうグラフで、1めもりが表している大きさと、ぼうが表している大きさを、たんいに気をつけて書きましょう。

① （まい）

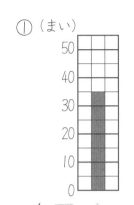

② （さつ）

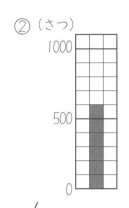

③ （こ）

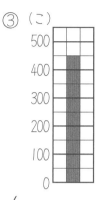

1めもり （5まい） （　　　　） （　　　　）

ぼうのしめ
す大きさ （　　　　） （　　　　） （　　　　）

④ （人）

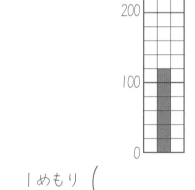

⑤ （m）

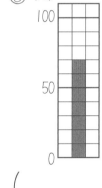

⑥ （cm）

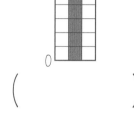

1めもり （　　　　） （　　　　） （　　　　）

ぼうのしめ
す大きさ （　　　　） （　　　　） （　　　　）

グラフの1めもりは、1（1、10、100）、2（2、20、200）、5（5、50、500）がよく使われます。

● おうちの方へ 🐶🐶

1めもりが表している大きさを見つけ出す練習です。☐内のポイントをつかむと理解しやすくなります。

【128ページの答え】①芝ふえそ ②しふこ ③そえう ④それに ⑤しふう ⑥そえうう

文の仕組み 1 つなぎ言葉 ①

□に合う言葉を、□の中からえらんで書きましょう。

① おやつはケーキにしますか、□□□、プリンにしますか。

② いっ生けん命練習をした。□□□、し合に負けた。

③ 暑くなってきた。□□□、まどを開けた。

④ 風がはげしい。□□□、雨までふってきた。

⑤ 図書館に行った。□□□、休館日だった。

⑥ とてものどがかわいた。□□□、お茶をたくさん飲んだ。

二回使うものがあるよ。

| しかし |
| それとも |
| だから |
| それに |

● おうちの方へ ●

「だから」は前のことがらの当然の結果を表す順接の接続語です。「しかし」は前のことがらからは逆の結果になるという逆接の接続語です。「けれども」も同様です。「それとも」はどちらかを選ぶとき、「それに」はつけ加えるときに用いる接続語です。接続語は、二つの文の関係を表します。日常会話の中でしっかり使って、作文にも生かせるようにしましょう。

【127ページの答え】① 5まい・35まい ② 100えん・600えん ③ 50え・450え
④ 20人・120人 ⑤ 10m・70m ⑥ 2cm・16cm

表とグラフ 5

🐻 下の表をぼうグラフに表しましょう。

〈すきなスポーツ〉

スポーツ	サッカー	野球	ドッジボール	その他
人数（人）	12	8	5	6

① 横じくに、スポーツのしゅるいを書きましょう。

② たてじくに、一番多い人数が書けるように1めもり分の大きさを決め、0、5、10などの数を書きましょう。

③ たてじくの一番上の（ ）の中に、たんいを書きましょう。

④ 表題を書きましょう。

⑤ 人数に合わせて、ぼうをかきましょう。

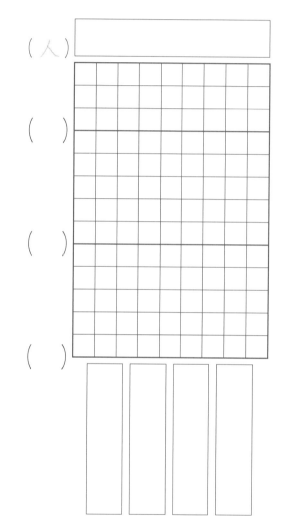

(人)

( )

( )

( )

● おうちの方へ 🐏🐏 ●

棒グラフをかく順番は、教科書によって少しずつちがっています。順にきちんとかいて完成させましょう。

次の⑦の二つの文を①のように一つの文にするには、どんな言葉でつなぐとよいでしょう。□の中に書きましょう。

①
⑦ 雨がふってきた。それで、運動会はえん期になった。
① 雨がふってきた［　］、運動会はえん期になった。

②
⑦ 雨が少しふってきた。しかし、運動会はつづいた。
① 雨が少しふってきた［　］、運動会はつづいた。

③
⑦ のどがかわいた。それに、おなかもすいた。
① のどがかわいた［　］、おなかもすいた。

④
⑦ のどがかわいた。だが、おなかはすいていない。
① のどがかわいた［　］、おなかはすいていない。

ので	が	し

二回使うものがあるよ。

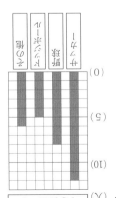

● おうちの方へ ●
二つの文を助詞を使って一つの文にまとめる問題です。「、」の後に続く文をよく読み、二つの文の関係を考えて、適切な助詞を選べるようにしましょう。

【129ページの答え】

130

ナゾトキ☆クエスト まよいの森 へん

まいごのみんなを見てたら、ぼく、なんだかおうちに帰りたくなっちゃった…。

よし、クモにつかまらないようにふしぎな木の所までもどりましょう。

答えの数が大きい方を通って、クモのすをぬけよう。

$$\frac{16 \div 4}{18 \div 6}$$

$$\frac{42 \div 6}{24 \div 3}$$

$$\frac{48 \div 6}{9 \div 1}$$

$$\frac{72 \div 9}{54 \div 6}$$

スタート

ゴール

ふしぎなぼうけん…もしかして…ゆめ!?

気がついたらもとにもどってた…

4

3

気をつけて帰ってね。

ありがとう！

2

しっかりつかまって！

1

おしまい！

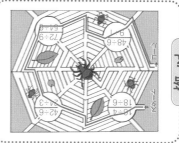

こたえ

(131)

おまけ

● 〈横のカギ〉と〈たてのカギ〉をヒントにして、くりかえしのことばを　　　からえらんで、書きましょう。
①②③をつなぐと何ということばになるかな。

〈たてのカギ〉

① 中味がなくて〇〇〇〇だ。

② 答えがわからなくて、〇〇〇〇する。

〈横のカギ〉

① めだかが〇〇〇〇泳ぐ。

③ のどがかわいて〇〇〇〇だ。

```
からから　いらいら　すかすか　すいすい
```

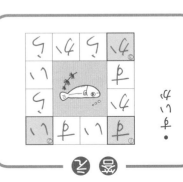

表とグラフ 6

🐻 6月にほけん室に来た3年生の表です。表のあいているところに数を入れましょう。

〈ほけん室に来た人（3年生）〉

理由＼学級	1組	2組	3組	合計
すりきず	4	3	①	10
ふくつう	2	1	2	③
ずつう	1	②	0	④
切りきず	0	1	1	⑤
その他	1	1	1	⑥
合　計	⑦	6	⑧	⑨

　表をたてや横に見て、空白らんが1つのところから計算していきましょう。

　①②は、合計の人数からわかっている人数をひいてもとめます。

　③〜⑧は、それぞれのらんの合計をもとめます。

　⑨は、ほけん室に来た3年生全員の人数です。

●━ おうちの方へ 🐶🐶 ●━━━━━━━━━━━━━━

空白欄を求める順は、縦でも横でも空白が1つだけのところなら、どこでもいいです。⑨は、縦と横の合計が合っているか2通りの計算をして確かめるようにします。

勉強したのは

□ 月 □ 日

終わったら
色ぬりしよう

★ 次の俳句を何度も読んでおぼえましょう。俳句は、五・七・五の十七音で作ります。そうなっているか、たしかめましょう。

俳句には、きせつを表わす「季語」を入れて作ります。（ ）に季語を書きました。

菜の花や　月は東に　日は西に

与謝蕪村

（季語は菜の花…春）

ひっぱれる　糸まっすぐや　甲虫

高野素十

（季語は甲虫…夏）

● おうちの方へ ●

三年生になると、「伝統的な言語文化」の指導として、俳句やことわざ、慣用句が出てきます。俳句はだいたいの内容がわかればよいので、何度も読ませましょう。ここでは小さな「っ」は一音に数えています。

表とグラフ 7

🐻 ある月にほけん室に来た人を表にまとめました。

〈ほけん室に来た人（全校）〉

理由＼学年	1年	2年	3年	4年	5年	6年	合計
すりきず	8	5	6	3	4	5	㋐
ふくつう	5	4	4	2	1	2	㋑
ずつう	2	3	5	4	1	4	㋒
切りきず	0	2	1	3	0	0	㋓
その他	1	0	3	2	1	2	㋔
合　計	㋕	㋖	㋗	㋘	㋙	㋚	㋛

① 表のあいているところに数を入れましょう。

② ほけん室に来た人が一番多い学年とその人数を書きましょう。

（　　　年）（　　　人）

③ 来た人が一番多い理由と人数を書きましょう。

（　　　　　）（　　　人）

④ 1か月にほけん室に来た人は何人でしょう。

（　　　人）

─● おうちの方へ 🐕🐏 ●─

縦・横の合計をするときは、2つで10になる数を見つけるとやりやすいです。
例：㋕の場合　8、5、2、0、1…8と2で10。10と5と1で16。

終わったら
色ぬりしよう

せきの子の　なぞなぞあそび　きりもなや

（季語はせき…冬）

中村汀女

かきくえば　鐘がなるなり　法隆寺

（季語はかき…秋）

正岡子規

● おうちの方へ

このページは秋と冬の句です。初句（初めの五音）を親が言い、二句・三句を子どもが言うなどすれば、親子で楽しめます。

[135ページの答え]①⑦31 ⑦18 ⑦19 ⑦6 ⑨9 ⑦16 ⑦14 ⑨19 ⑦14 ⑨7 ⑦7 ⑤13 ⑦83
②3年・19人　③より多い　④83人

まとめのテスト 1

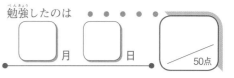
(1) 次の □ に数を書きましょう。　　　　　　　　　　　　　　　　（30点）1つ5点

① $6 \times 0 = \boxed{}$　　　　　② $\boxed{} \times 8 = 0$

③ $2 \times 7 = 2 \times 6 + \boxed{}$

④ $3 \times 5 = 3 \times 6 - \boxed{}$

⑤ $4 \times 8 = 8 \times \boxed{}$

⑥ $60 \times 5 = \boxed{}$

(2) 次の（　）に、時間を書きましょう。　　　　　　　　　　　（10点）1つ5点

① 1分間 ＝（　　　　　　　）秒

② すずき君は、れんぞくなわとびの時間を計ってもらいました。タイム係の人が「あと2秒で1分」と言いました。すずき君は、何秒とんでいたでしょう。

式

答え ＿＿＿＿＿＿＿＿＿＿

(3) 円の部分の名前を書きましょう。

（10点）1つ5点

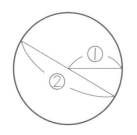

① （　　　　　　　　　）

② （　　　　　　　　　）

答えは
143ページ

137

□に漢字を書きましょう。〔　〕には、漢字と送りがなを書きましょう。

答えは
144ページ

勉強したのは

□月　□日

（50点） 一つ2点

50点

① とう ふは消 か がよい。

② ぜん 員、 しゅう 合する。

③ る す 番

④ はん たい の方 こう 。

⑤ しゃ 真の し ごと 。

⑥ た せ 人の 話。

⑦ 新 じゅう 所が けっ 定した。

⑧ ゆう 名な 者 しゃ 。

⑨ 行 れつ は〔 まがり 〕角までだ。

⑩ こう 運にも海 がん で〔 たす 〕けられた。

⑪ はは は く ろうが多い。

⑫ コンサートの開 かい し だ。

138

まとめのテスト 2

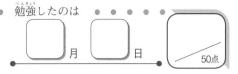

勉強したのは ☐月 ☐日 ／50点

(1) 次のわり算をしましょう。　　　　　　　　　　（40点）1つ5点

① $3 \div 1 =$　　　　　　② $21 \div 3 =$

③ $42 \div 6 =$　　　　　　④ $16 \div 2 =$

⑤ $48 \div 8 =$　　　　　　⑥ $45 \div 9 =$

⑦ $49 \div 7 =$　　　　　　⑧ $56 \div 8 =$

(2) 次のたし算をしましょう。　　　　　　　　　　（10点）1つ5点

①
```
   2 5 7
+  1 8 6
```

②
```
   4 7 3 5
+  3 2 8 6
```

答えは143ページ

まとめのテスト 2

答えは
144ページ

勉強したのは
☐ 月 ☐ 日

50点

(1) 次の文の㋐〜㋖の中から、ものの名前・ことがらを表す言葉と動きを表す言葉を（　）に記号で書きましょう。

(10点) 一つ2点

・音楽室から　流れる　曲は　すてきだ。
　　㋐　　　　㋑　　　㋒　　　㋓

・美しい　音色を　じっと　聞いた。
　㋔　　　㋕　　　㋖

① ものの名前を表す言葉（　）（　）（　）

② 動きを表す言葉（　）（　）

(2) 次の文の――を引いた言葉を、言い切りの形に直しましょう。

(12点) 一つ3点

① 駅前に、長くて にぎやかな通りがある。
　　㋐　　　　㋑

（　㋐　）（　㋑　）

② 雨がふったら、行かない。
　　㋒　　　　㋓

（　㋒　）（　㋓　）

(3) 次の漢字の読みを二つ書きましょう。

(8点) 一つ4点

風車（　）（　）

(4) 次の――の様子を表す言葉は、国語辞典ではどんな言葉でのっていますか。

(8点) 一つ4点

・ここは、しずかで さわやかな 場所だ。
　　　　　　㋐　　　　㋑

（　㋐　）（　㋑　）

(5) 次の文の「入る」の意味に合うものを、下からえらんで（　）に記号を書きましょう。

(12点) 一つ3点

① 手に入る。（　）

② ひびが入る。（　）

③ 日が入る。（　）

④ 教室に入る。（　）

　㋐ 中へ進む。
　㋑（太陽が）しずむ。
　㋒ 自分のものになる。
　㋓ さけ目ができる。

(140)

まとめのテスト 3

(1) 次の計算をしましょう。　　　　　　　　　　　　　　　　（10点）1つ5点

① 465 − 287

② 3061 − 2594

(2) あめが35こあります。6人で同じ数ずつ分けると、1人何こずつで何こあまるでしょう。　　　　　　　　　　　　　　　　　　　　　　　　　　（10点）

式

答え ＿＿＿＿＿＿＿＿＿＿＿＿＿

(3) 20人が3人乗りの小がたジェットコースターに乗りました。全員が乗るには何台いるでしょう。　　　　　　　　　　　　　　　　　　　　　　　　（10点）

式

答え ＿＿＿＿＿＿＿＿＿＿＿＿＿

(4) 次の計算をしましょう。　　　　　　　　　　　　　　　　（20点）1つ5点

① 33 ÷ 4 ＝　　　　 …　　　② 62 ÷ 9 ＝　　　　 …

③ 40 ÷ 7 ＝　　　　 …　　　④ 52 ÷ 8 ＝　　　　 …

答えは
143ページ

まとめのテスト 3

答えは
144ページ

勉強したのは

□ 月 □ 日

／50点

(1) 次の部首を持つ漢字を、□からえらんで書きましょう。

① まだれ □
□

② のぶん □
□

③ くにがまえ □

（15点）一つ3点

| 実 | 教 | 庫 | 数 | 助 | 庭 | 図 | 感 |

(2) 次の言葉の意味を□からえらんで記号で書きましょう。

① うでにおぼえがある （　）

② 手をつくす （　）

③ 頭をかかえる （　）

（9点）一つ3点

⑦ とてもこまっている　④ 自しんがある

⑦ うまくなる　④ できるかぎりのことをする

(3) □に当てはまる言葉を、□からえらんで記号で書きましょう。

かぜをひいた。 ① □ 、かぜ薬を飲んだ。

なかなかねつは下がらない。 ② □

（6点）一つ3点

⑦ それとも　④ しかし　⑦ また　④ それで

(4) 次の□に漢字と送りがなで言葉を書きましょう。

① にもつ □ が

② きえた □ 。

③ うつくしい □

④ しゃしん □ を

⑤ うけとる □ 。

（20点）一つ4点

【まとめのテスト　答え】

桝谷雄三（ますや・ゆうぞう　教育士・学力の基礎をきたえどの子も伸ばす研究会）
影浦邦子（かげうら・くにこ　学力の基礎をきたえどの子も伸ばす研究会）

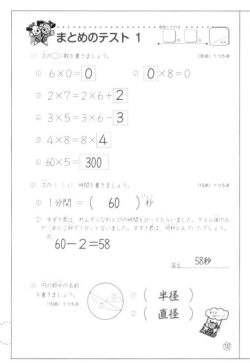

まとめのテスト1

勉強したのは　月　日

(1) 次の□に数を書きましょう。　　(30点) 1つ5点

① 6×0＝[0]　　② [0]×8＝0

③ 2×7＝2×6＋[2]

④ 3×5＝3×6－[3]

⑤ 4×8＝8×[4]

⑥ 60×5＝[300]

(2) 次の（　）に、時間を書きましょう。(10点) 1つ5点

① 1分間 ＝（　60　）秒

② すずき君は、れんぞくなわとびの時間を計ってもらいました。タイム係の人が「あと2秒で1分」と言いました。すずき君は、何秒とんでいたでしょう。

式　60－2＝58

答え　58秒

(3) 円の部分の名前を書きましょう。(10点) 1つ5点

①（　半径　）
②（　直径　）

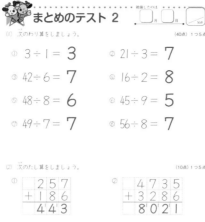

まとめのテスト2

勉強したのは　月　日

(1) 次のわり算をしましょう。　　(40点) 1つ5点

① 3÷1＝3　　② 21÷3＝7

③ 42÷6＝7　　④ 16÷2＝8

⑤ 48÷8＝6　　⑥ 45÷9＝5

⑦ 49÷7＝7　　⑧ 56÷8＝7

(2) 次のたし算をしましょう。(10点) 1つ5点

①
```
  257
+ 186
  443
```

②
```
  4735
+ 3286
  8021
```

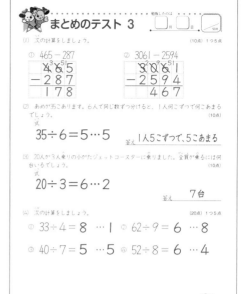

まとめのテスト3

勉強したのは　月　日

(1) 次の計算をしましょう。　　(10点) 1つ5点

①
```
  465
- 287
  178
```

②
```
  3061
- 2594
   467
```

(2) あめが35あります。6人で同じ数ずつ分けると、1人何こずつで何こあまるでしょう。(10点)

式　35÷6＝5…5

答え　1人5こずつて、5こあまる

(3) 20人が3人乗りの小がたジェットコースターに乗りました。全員が乗るには何台いるでしょう。(10点)

式　20÷3＝6…2

答え　7台

(4) 次の計算をしましょう。(20点) 1つ5点

① 33÷4＝8…1　　② 62÷9＝6…8

③ 40÷7＝5…5　　④ 52÷8＝6…4

きりとり

【修了証申し込み】

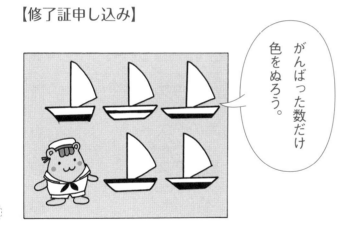

がんばった数だけ色をぬろう。

勉強したくなるプリント　前期／算数

学習の記ろく・3年生

まとめのテスト1	点
まとめのテスト2	点
まとめのテスト3	点
合　計	点

おうちのひとのコメント　月　日

お子さんのお名前（ふりがな　　　　　　　　　　）　保護者のお名前

住所　〒

TEL

メールアドレス

まとめのテスト 3

(1) 次の部首を持つ漢字を□から一つえらんで書きましょう。
〔15点　一つ3点〕
① まだれ　庫
② くにがまえ　図
③ 図

実 教 庫 数 助 庭 図 感

(2) 次の言葉の意味を□からえらんで記号で書きましょう。
〔9点　一つ3点〕
① うでにおぼえがある（エ）
② 手をつくす（イ）
③ 頭をかかえる（ア）

(3)
⑰ とても こまっている（ア）
⑱ うまくなる（イ）
⑲ できるかぎりのことをする

(4) □に当てはまる言葉を□からえらんで記号で書きましょう。
〔8点　一つ4点〕
① それでも（エ）
② しかし（イ）
③ また
④ それで

かぜをひいた。□かぜ薬を飲んだ。□なかなかねつは下がらない。

(5) 次の——に漢字と送りがなで言葉を書きましょう。
〔20点　一つ4点〕
① にもつ　荷物
② うつくしい　美しい
③ しゃしん　写真
④ 写真を
⑤ うけとる　受け取る

まとめのテスト 2

(1) 次の文の①～⑤の中から、ものの名前、ことがらを表す言葉と動きを表す言葉を（　）に記号で書きましょう。
〔10点　一つ2点〕

・音楽室から　流れる　曲は　すてきだ。

・美しい　音色を　じっと　聞いた。

ものの名前を表す言葉　（ア）（ウ）（カ）
動きを表す言葉　（イ）（キ）

(2) 次の——を引いた言葉を、言い切りの形に直しましょう。
〔12点　一つ3点〕

駅前に、長くて にぎやかな通りがある。
① 長い
② にぎやか

雨がふったら、行かない。
③ ふる
④ 行く

(3) 次の漢字の読みを（　）に書きましょう。
〔8点　一つ4点〕

風車（ふうしゃ）（かざぐるま）

(4) 次の——の様子を表す言葉は、国語辞典ではどんな言葉でのっているか。——に合うものを□からえらんで書きましょう。
〔8点　一つ4点〕

・ミミは、しずかで さわやかな 場所に、

しずか　さわやか

(5) 次の文の——（　）の意味に合うものを□から下からえらんで記号で書きましょう。
〔12点　一つ3点〕

① 手に入る。（ア）
② ひがが入る。（イ）
③ 日が入る。（エ）
④ 教室に入る。（ウ）

⑪ 中へ進む。
⑫ 自分のものになる。
⑬ さけ目ができる。
⑭ （太陽が）しずむ。

まとめのテスト 1

□に漢字を書きましょう。（　）には、漢字と送りがなを書きましょう。
〔50点　一つ2点〕

① ふは消化がよい。　豆
② 全員集合する。　集
③ ろ守す番。　守
④ 反対の方向。　向
⑤ 新住所が決定した。　住
⑥ 他人の世話。　世
⑦ 行列は曲がり角までだ。　列
⑧ 写真の仕事。　仕
⑨ 有名な医者。　医
⑩ 幸運にも海岸で助けられた。　幸／岸／助
⑪ 母は苦ろうが多い。　母／苦
⑫ コンサートの開始だ。　始

【修了証申し込み】

がんばった数だけ色をぬろう。

1　2　3　4　5

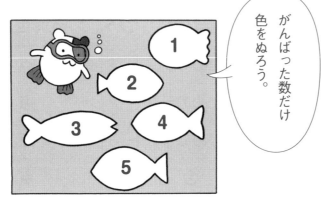

勉強したくなるプリント　前期／国語

学習の記ろく・3年生

まとめのテスト 1	点
まとめのテスト 2	点
まとめのテスト 3	点
合　計	点

── おうちのひとのコメント　　月　　日 ──

国語だけの申し込みも可能です。
裏面に住所・氏名を記入して送付してください。

きりとり